Sonnenkollektoren zur Energieversorgung der Höhle
"Dom"
Unerforschtes Labyrinth
Hauptgang
Nische mit Bärenskelett
atürliche Treppe
"Große Halle"
Zeitmaschine
Archie
Brücke
Höhlenfluß
Insel

ZEIT MASCHINE

STRENG GEHEIM

DIESES BUCH GEHÖRT:

Pelikan

Marliese Arold

Die Höhlenmenschen vom Mammuttal

ILLUSTRATIONEN
FRANK ROSENZWEIG

ZEIT MASCHINE

STRENG GEHEIM

Ein Abenteuerbuch von Pelikan

ISBN 3-8144-2301-1

Illustrationen: Frank Rosenzweig
Graphische Gestaltung: Leonore Wienstrath
Gesamtherstellung: Mohndruck
Printed in W.-Germany
Auflage 15 14 13 12 11 10 9 8 7 6 5 4 3 2 1

Inhalt

ZEIT MASCHINE

von Marliese Arold

Das sind die Abenteuer:

Die Höhlenmenschen vom Mammuttal
Die geheimnisvolle Goldgräberstadt
Der Smaragd von Bagdad
Die Rache des Druiden
Die Todeselefanten

Ambrosius Köhler
(genannt Professor Ambrosius)

Spinner oder Genie? Er ist Professor der Physik und hat früher an Hochschulen unterrichtet. Aber man hat ihn gefeuert. Seither ist der große, hagere Mann mit den grauen Haaren ziemlich launisch und menschenscheu. Auf Fremde macht er keinen besonders freundlichen Eindruck, weil er mit seinen Gedanken meistens woanders ist.

Professor Ambrosius ist der Großonkel von Heike und Michael Jaschke. Viele Jahre lang war er mit der ganzen Verwandtschaft verkracht, und mit etlichen Leuten ist er es auch heute noch, selbst wenn er inzwischen etwas zugänglicher geworden ist.

Seine dicke Hornbrille hat er endlich gegen eine weniger strenge Nickelbrille vertauscht, und auch die Haarlänge ist etwas erträglicher geworden. Seit dem Umzug nach Werthausen hat sich der Professor überhaupt positiv

verändert – das findet jedenfalls Frau Schneider, seine Haushälterin. Wenigstens verbringt der Gelehrte nicht mehr die ganze Zeit in seinem muffigen Keller, sondern ist viel an der frischen Luft . . .

Frau Schneider ahnt ja nicht, welches Ziel Professor Ambrosius' Spaziergänge haben: Eine Tropfsteinhöhle, die er selbst entdeckt hat. Dort kann er nämlich ungestört seinen Experimenten nachgehen . . .

Und er hat schon Dinge erfunden, da würde mancher vor Neid erblassen . . .

Michael Jaschke

liebt nichts mehr als Krimis und Gruselgeschichten. Bei einem Skelett kann er schon mal schwach werden. Zum Ärger seines Deutschlehrers besitzt Michael eine überschäumende Phantasie. Was in seinen Aufsätzen steht, klingt nicht immer glaubhaft. Aber die Schule ist Michael ziemlich schnuppe. Es gibt wichtigere Dinge, findet der Zwölfjährige. Zum Beispiel die Zeitmaschine des Professors . . .

Mit seinem blonden Haar, den blauen Augen und den unzähligen Sommersprossen sieht Michael seiner Schwester überhaupt nicht ähnlich. Die ist außerdem viel schlanker. Doch richtig dick ist Michael nicht. Höchstens ein bißchen pummelig . . . Aber darauf kommt's ja nicht immer an. Hauptsache, man ist flink im Kopf, und außerdem – soooo unsportlich ist Michael auch wieder nicht! Und andere Leute nachahmen kann er super!

Übrigens ist es gut, wenn wenigstens einer nicht gleich den Humor verliert. Denn bei manchen Abenteuern kann dem Professor und den Kindern das Lachen schon vergehen . . .

Heike Jaschke

schwärmt für Tiere, besonders für Pferde. Von Skeletten hält die Vierzehnjährige nicht viel – im Gegensatz zu ihrem Bruder.

Heike ist groß und schlank, hat grüne Augen und braunes Haar, das sie meistens zu einem Pferdeschwanz zusammenbindet.

Heike kann gut zeichnen, und in der Schule ist sie eine der Besten. Sie bildet sich jedoch nichts darauf ein. Hochnäsigkeit kann sie nicht leiden. Überhaupt ist Heike ein echter Kamerad und verliert selbst in den heißesten Situationen nicht den Kopf – auch wenn ihr das Herz manchmal ziemlich flattert.

Thomas Pahl

Thomas ist fünfzehn Jahre alt, groß und schlaksig. Seine Locken sind so dunkel wie Moorteufels Fell. Moorteufel ist ein prächtiger Labradorhund, und seine Spürnase ist einzigartig. Moorteufel ist das letzte Geschenk von Thomas' Vater, der viel zu früh gestorben ist. Inzwischen hat Thomas' Mutter wieder geheiratet, aber mit seinem Stiefvater versteht sich Thomas nicht und geht ihm lieber aus dem Weg.

Thomas interessiert sich für Technik und kann scharf kombinieren. Etwas waghalsig ist er manchmal schon, und ab und zu schießt er auch übers Ziel hinaus. Trotzdem kann man mit ihm Pferde stehlen und sich auf sein Wort voll verlassen.

Früher hat Thomas direkt neben dem Professor gewohnt, und so hat er Heike und Michael kennengelernt. Inzwischen sind die drei unzertrennlich. Ganz klar, ohne sie wäre Professor Ambrosius ganz schön aufgeschmissen! Der hat nämlich ein Talent, von einer verzwickten Lage in die nächste zu geraten ...

Rätsel um Professor Ambrosius

„Und dann ist das Haus des Professors abgerissen worden“, erzählte Thomas, während vor den Zugfenstern die Landschaft vorbeiflitzte.

„Abgerissen?“ wiederholte Michael entsetzt, und seine Schwester Heike fügte hinzu: „Davon hat uns Onkel Ambrosius gar nichts geschrieben.“

Thomas öffnete den Reißverschluß seines Rucksacks und nahm zwei Fotos heraus, die er mit seiner Polaroid-Kamera gemacht hatte.

„Hier.“ Er schob die Bilder zu den Geschwistern hinüber.

Auf dem ersten Foto war noch das Haus des Professors zu sehen, wie Heike und Michael es kannten. Nur die Vorhänge fehlten. Das zweite Bild war vom gleichen Blickwinkel aus aufgenommen. Es zeigte in der unteren Hälfte Schutt und Trümmer und in der oberen eine freie Fläche.

„Das zweite Foto habe ich einen halben Tag später gemacht als das erste“, sagte Thomas.

„Unglaublich“, entfuhr es Michael.

„Ja“, bestätigte Thomas. „Und noch unglaublicher ist es, daß die Tierkörperbeseitigungsanstalt jetzt doch gebaut wird. Der halbe Ort hat protestiert. Wir haben eine Bürgerinitiative gebildet, aber es hat alles nichts genützt.“

Bei dem Wort „Tierkörperbeseitigungsanstalt“ schaute Heike unwillkürlich auf Moorteufel. Der Hund saß wohlerzogen neben Thomas' Platz auf dem Boden. Einige Fahrgäste hatten Moorteufel zunächst mißtrauische Blicke zugeworfen, als Thomas mit ihm in Stuttgart in den Zug gestiegen war. Aber der schwarze Labradorhund verhielt sich musterhaft. Er gehörte nicht zu den Hunden, die Fremde grundlos ankläfften oder belästigten.

„Eine Tierkörperbeseitigungsanstalt“, murmelte Heike leise. „Ausgerechnet dort, wo wir so oft spazierengegangen sind . . .“

Moorteufel sah sie aufmerksam an, als verstünde er jedes Wort.

„Vielleicht wäre alles anders gekommen, wenn der Professor nicht so schnell aufgegeben hätte“, fuhr Thomas fort. „Aber ihr wißt ja selbst, wie sehr er solche Streitereien haßt. Mit den Obereichenbachern war er sowieso nicht ganz grün.“

Das stimmte. Professor Ambrosius Köhler war in dem kleinen Ort alles andere als beliebt gewesen. Die Leute hielten ihn für einen versponnenen Eigenbrödler. Der Professor gehörte keinem Verein an und pflegte kaum Kontakt mit anderen Einwohnern. Seine seltsamen Experimente gaben Anlaß zu vielen Gerüchten.

„Zum Schluß war der ganze Gemeinderat gegen ihn“, berichtete Thomas. „Ich glaube, da hatte der Professor einfach die Nase voll. Er wollte sich nicht weiter mit allen anderen Leuten anlegen.“

Michael betrachtete noch immer die Fotos. „Im Grunde hätte niemand Onkel Ambrosius zwingen können auszuziehen.“

„Er hat es aber getan“, antwortete Thomas. „Und schon ein paar Tage später kam die Abbruchfirma, naja und dann . . . ihr seht es ja selbst.“

„Schade um das alte Haus“, meinte Heike.

„Wenn ihr ehrlich seid, dann müßt ihr zugeben, daß es eine ziemliche Bruchbude war“, stellte Thomas richtig. „Eigentlich seit Jahren renovierungsbedürftig. Ich hätte nicht darin wohnen mögen – so auf Dauer jedenfalls. Um das Haus tut es mir nicht leid.“

Michael biß sich auf die Lippen. Das Bild mit den Trümmern lag auf seinen Knien. Schon die ganze Zeit brannte ihm etwas auf der Seele.

„Und der Keller? Ich meine, was ist mit seinem Laboratorium? Und vor allem“, Michael dämpfte seine Stimme, weil eine dicke Frau von der anderen Abteilseite lauernd zu ihnen herübersah, „was ist mit der Zeitmaschine passiert?“

„Der Keller ist eingestürzt“, erwiderte Thomas in normaler

Lautstärke. „Was die ZM betrifft, habe ich keine Ahnung. Mir ist jedenfalls nicht aufgefallen, daß sie in den Möbelwagen geladen worden ist. Wäre wohl auch etwas schwierig gewesen."

„Hm", brummte Michael. Seine Frage war keineswegs beantwortet, im Gegenteil.

Heike wickelte ihren Pferdeschwanz um den Zeigefinger, wie immer, wenn sie angestrengt nachdachte. Michael zog sie wegen dieser Angewohnheit auf und prophezeite ihr vorzeitige Kahlköpfigkeit. Doch in dieser Hinsicht war vorerst nichts zu befürchten. Heikes braunes Haar war dicht und glänzend. Das Mädchen ließ auch keinen Frisör an die Pracht, sondern schnipselte sich die Spitzen selber ab, wenn es nötig war.

„Wenigstens wissen wir jetzt, warum Onkel Ambrosius umgezogen ist", sagte Heike.

„Tja, aber warum er sich ausgerechnet in Werthausen niedergelassen hat, ist nach wie vor schleierhaft", bemerkte Michael. „Ein Kaff mit knapp fünfzehnhundert Einwohnern, das so total abgeschieden liegt, daß wir von Reutlingen aus mit dem Bus fahren müssen. Es gibt nicht mal eine Bahnstation."

Thomas zuckte mit den Achseln. „Vermutlich werden wir bald erfahren, was der Professor dort so toll findet. Er ist ja sehr für Ruhe und Einsamkeit, wahrscheinlich ist es das."

Michael rümpfte die Nase und dachte wieder an die Zeitmaschine. „Hoffentlich hat er seine Arbeit nicht völlig aufgegeben. Ich meine . . ." Die Ohren der Frau gegenüber wuchsen, Michael räusperte sich und sah der Dame fest in die Augen, worauf diese ihren Kopf der vorbeiflitzenden Landschaft zuwandte. „Ich meine, irgendwo muß die ZM doch geblieben sein."

„Na, immerhin hat der Professor uns ja alle eingeladen, und ich glaube nicht, daß er mit uns nur Spaziergänge machen will, um uns die Schönheit der Alb zu zeigen." Thomas grinste.

„Bei Onkel Ambrosius weiß man nie“, knurrte Michael. Er machte ein so finsteres Gesicht, daß Heike ihn in die Rippen boxte.

„Hör mal, Schwesterherz, alles, was recht ist, aber kleine Brüder lassen sich auch nicht alles gefallen!“

„Besonders, wenn sie so zart gewachsen sind wie du“, neckte ihn Heike. Michael wollte den Knuff zurückgeben, und Heike hob abwehrend die Hände.

„Achtung, Kontrolle“, kündigte Thomas in diesem Moment an.

Der Schaffner kam. Mit verkniffener Miene prüfte er die Fahrscheine, fand sie in Ordnung, wünschte gute Weiterfahrt und wandte sich dann den nächsten Fahrgästen zu.

Michael zwinkerte. „Wetten, daß er insgeheim enttäuscht ist, weil wir keine Schwarzfahrer sind?“

„Pst“, warnte Heike, denn der Schaffner war noch in Hörweite. Sie streckte den Arm aus, um Moorteufel zu streicheln. Der Hund genoß es mit sichtlichem Behagen.

„Notfalls müßt ihr Moorteufel zu euch nehmen“, sagte Thomas unvermittelt.

Heike hob den Kopf und starrte den Jungen an. „Wie meinst du das?“

„Mein Stiefvater will auch umziehen. Er sieht nicht ein, daß wir uns den Mief dieser Anstalt in die Nase blasen lassen sollen. Am liebsten möchte er nach Frankfurt.“ Thomas machte eine kurze Pause, und sein Gesicht verriet, daß es über dieses Thema schon viel Ärger gegeben hatte. „Arbeit würde er dort kriegen, aber mit der Wohnung gibt's Probleme. Wohnungen sind nicht einfach zu finden. Außerdem sind Hunde oft unerwünscht. Noch dazu so große.“

Heike senkte den Blick und kraulte Moorteufels Nacken. Sie ahnte bereits, was Thomas sagen würde.

„Mein Stiefvater hat verlangt, daß ich Moorteufel weggebe.“

Michael stieß empört die Luft aus. „Das kann er doch gar nicht so einfach!“

Thomas schwieg. Seine Finger spielten mit den Riemen des Rucksacks. Endlich sagte der Junge: „Was glaubt ihr, wie oft wir schon davon geredet haben. Zum Glück ist meine Mutter diesmal auf meiner Seite. Trotzdem gibt's ständig Stunk. Am liebsten würde ich auf- und davongehen. Die Einladung des Professors kam gerade zur rechten Zeit. Aber was nach den Sommerferien wird . . . keine Ahnung!"

Heike biß sich auf die Lippen. „Es gibt bestimmt eine Lösung."

„Ihr kennt meinen Stiefvater nicht" murmelte Thomas. „Oder zumindest nicht richtig. Wenn er sich etwas in den Kopf gesetzt hat, dann –"

In diesem Augenblick kreischten und ächzten die Bremsen. Der Zug hielt. Die dicke Dame suchte ihre Taschen zusammen und verließ das Abteil. Michael atmete unwillkürlich auf.

„Wir müssen noch drei Stationen weiter", stellte Heike fest, nachdem sie einen Blick auf den Fahrplan geworfen hatte.

Die Hitze auf dem Reutlinger Bahnhof warf die Kinder fast um. Michael schielte verlangend nach einem Eisstand, aber Heike beschwerte sich: „Soll uns deswegen der Bus vor der Nase wegfahren?"

Michael gab seufzend nach. Wenig später saßen die Kinder im Bus und schaukelten durch die schwäbische Landschaft.

„Gibt es in Werthausen ein Schwimmbad?" wollte Michael von einer Frau wissen, die ortskundig aussah. Sie schüttelte den Kopf, und Michael sank enttäuscht in seinen Sitz zurück. „Was tun die fünfzehnhundert Werthauser dann bei dreißig Grad im Schatten? Wetten, daß sie sich in die Badewanne legen und Eiswürfel schwimmen lassen?"

Als sie an der Haltestelle in Werthausen ausstiegen, war niemand da, der sie erwartete.

„Typisch. Der Professor verpennt regelmäßig unsere Ankunft", bemerkte Michael.

„Jedenfalls ist das ein Zeichen, daß er seine Erfindungen noch nicht ganz aufgegeben hat", schlußfolgerte Heike. Tho-

mas schulterte seinen Rucksack und trabte über die Straße, um sich im Gasthof „Zum hohen Roß“ nach dem Höhentalweg zu erkundigen. Wenig später kam er wieder zurück und erstattete Bericht.

„‚Seid ihr von der Schülerzeitung?‘ hat mich der Wirt gefragt. ‚Ihr wollt sicher den versponnenen Kerl interviewen, der mit seiner Seifenkiste die Gegend unsicher macht.‘“

„Was für eine Seifenkiste?“ Michael zog verwundert die Augenbrauen hoch.

Die Antwort erübrigte sich, denn in diesem Moment sahen die Kinder die „Seifenkiste“ selbst. Sie rollte hinter einem Postauto die Hauptstraße entlang. Es war ein ganz flaches Gefährt, bedeckt mit glänzenden Platten. Unter einer Glashaube saß der Professor, das heißt, eigentlich lag er mehr, als daß er saß. Das seltsame Auto hielt neben den Kindern, die Glashaube klappte nach oben, und Ambrosius Köhler kletterte heraus.

„Mann!“ entfuhr es Michael.

„Ein bißchen umständlich, sich immer unter die Käseglocke zu quetschen, doch das wird noch besser, hoffe ich. Aber erst mal herzlich willkommen!" Der Professor drückte den Kindern so fest die Hand, daß ihre Finger schmerzten.

„Das ist aber eine Überraschung", ächzte Heike, und Thomas streifte sich verlegen die Haare aus der Stirn.

„Wie 'ne normale Seifenkiste sieht das ja nicht gerade aus. Ich schätze, da steckt ein bißchen mehr dahinter."

„Und du siehst auch anders aus als früher, Onkel Ambrosius", sagte Heike und betrachtete verwundert den Professor. Am auffallendsten war die neue Brille. Gegenüber dem strengen Horngestell, das der Professor noch vor wenigen Monaten getragen hatte, wirkte die Nickelbrille direkt sanft. Sie ließ den Professor pfiffiger, listiger und weniger griesgrämig aussehen. Auch sein graues Haar war kürzer, als es die Kinder in Erinnerung hatten.

„Hattet ihr eine gute Reise?" fragte Professor Ambrosius. „Ich wollte euch abholen. Leider paßt ihr nicht in mein Solarmobil rein, aber vielleicht kann ich wenigstens etwas Gepäck mitnehmen."

„Wie heißt das Ding?" fragte Michael neugierig.

„Es ist ein Solarmobil", erklärte der Professor. „Momentan etwas eng, aber das wird sicher noch besser. Der entscheidende Vorteil ist, daß das Auto keinen Tropfen Benzin braucht. Es fährt mit Sonnenenergie, und im Gegensatz zu den Millionen stinkenden, lärmenden und luftverschmutzenden Autos ist mein Solarmobil wirklich umweltfreundlich." Er geriet ins Schwärmen, und seine Augen begannen zu funkeln. „Ich will mich ja nicht loben, aber diese Erfindung ist tatsächlich genial. Sozusagen weltbewegend. Oder besser: umweltbewegend. Wer weiß, vielleicht fahren schon in zehn Jahren alle Leute mit Sonnenenergie anstatt mit Benzin, Tankstellen werden überflüssig und –"

Heike unterbrach den Professor und hob die schwere Reisetasche hoch. „Es wär' gut, wenn du wenigstens das da mitnehmen könntest. Ich hab' schon einen ganz lahmen Arm, und das Faultier von Bruder packt ja nicht mit an."

Michael schnaubte empört, während der Erfinder nach den

Tragriemen griff. „Soviel Gepäck?" wunderte er sich. „Meine Güte, habt ihr Ziegelsteine geladen? Na, ihr bleibt ja auch sechs Wochen hier, oder?"

Heike nickte. Sie und Michael sollten unbedingt die ganzen Sommerferien in Werthausen verbringen, so hatte es in der Einladung gestanden. Es hatte dringend, ja beinahe flehend geklungen und den Kindern allerhand Rätselraten aufgegeben.

„Sicher sollt ihr Unkraut jäten", hatte die Mutter vermutet. „In einem Garten gibt es viel zu tun, und Onkel Ambrosius ist schließlich nicht mehr der Jüngste."

„Ich glaube nicht, daß sich der Professor viel aus Radieschen macht", hatte Michael entgegnet. Er und seine Schwester waren überzeugt gewesen, daß die Bitte etwas mit der Zeitmaschine zu tun hatte. Von der sensationellen Erfindung ahnte die Mutter freilich nichts.

Doch inzwischen waren die Geschwister unsicher geworden, ob sie mit ihrer Vermutung richtiglagen.

„Geht nicht", stellte der Professor fest und setzte die Reisetasche auf dem Gehsteig ab. „Zuwenig Platz, tut mir leid. Ich kriege sonst die Haube nicht zu." Er kratzte sich verlegen am Kopf. „Beim nächsten Modell werde ich ein bißchen mehr Spielraum mit einplanen, aber im Moment . . ."

„Naja", meinte Michael. „Dann schleppen wir unsere Sachen halt selbst. Man darf das nicht so eng sehen."

„Vor allem, wenn die Schwester schleppt", ergänzte Heike bissig.

Thomas' Fotoapparat, eine kleine Tasche mit übriggebliebenem Reiseproviant und ein Beutel mit Turnschuhen konnten schließlich im Solarmobil untergebracht werden, danach kletterte Professor Ambrosius etwas umständlich auf den Sitz.

„Ich gebe zu, das Einsteigen von oben ist nicht gerade sehr bequem, aber man gewöhnt sich daran."

Längst hatte sich auf der Straße eine Autoschlange gebildet: Leute, die langsam fuhren und sich fast den Hals ausrenkten, um das flache Gefährt zu begutachten.

„Ja, guckt nur", brummte Professor Ambrosius ärgerlich. „In ein paar Jahren fahrt ihr selbst so ein Ding – dank Ambrosius Köhlers unermüdlichem Erfindergeist!"

Bevor der Professor die Haube schließen konnte, beugte sich Michael zu ihm hinunter. Er hielt es keine Minute länger aus.

„Apropos Erfindergeist: Was ist eigentlich mit deiner Zeitmaschine? Hast du sie inzwischen wieder zusammengeschraubt? Beim letzten Mal war sie doch ziemlich ramponiert."

Der Professor hatte schon die Hände an den Bedienungshebeln. „Nein, es hat sich nicht mehr gelohnt", antwortete er. „Ich habe ohnehin viel zu viel Mühe in das alte Ding gesteckt. Und dann kam ja schon bald die Sache mit dem Umzug, und es gab Wichtigeres zu tun."

Damit schloß er die Haube. Michael zog gerade noch rechtzeitig den Kopf zurück.

„Ganz lautlos", bemerkte Thomas, als Professor Ambrosius losfuhr. Der Junge hatte nichts von dem Gespräch mitbekommen und sah dem Solarmobil bewundernd nach. „Und keine Abgase, Leute!"

Michael aber konnte nur mühsam seine Enttäuschung verbergen. „Wann geht der nächste Bus nach Reutlingen zurück?"

„He, was hast du?" fragte Heike. „Ist dir schlecht? Du bist richtig grün im Gesicht."

„Mir ist auch schlecht, wenn ich an das ganze Unkraut denke, das wir jäten müssen", sagte Michael matt.

„Spinnst du?" Thomas sah ihn erstaunt an. „Sonnenstich, wie?"

„Ach, wenn's nur das wär'", murmelte Michael und hockte sich niedergeschlagen auf eine Steinmauer. Berberitzenzweige piekten ihn in den Rücken, und er fuhr wieder hoch. „Aus der Traum! Er hat sie nicht mehr. Vermutlich ist sie verschrottet, oder sie rostet still vor sich hin, weiß der Himmel, wo . . ."

Heike tippte sich an die Stirn und sagte streng:

„Wovon redest du eigentlich? Zum Rätselraten haben wir keine Lust. Drück dich gefälligst deutlicher aus. Wer rostet?"

„O Mann, das sag' ich doch schon die ganze Zeit!" knurrte Michael. „Er hat sein liebes Maschinchen nicht mehr, unser schnuckeliges ZM-chen . . . und wißt ihr, was das bedeutet? Wir sind ganz umsonst in diesem Kaff! Sechs Wochen lang werden wir keinen Römer sehen, keinen Griechen, weder ein Wikingermädchen noch einen Säbelzahntiger . . ."

„Du hättest die Wurst vorhin doch nicht mehr essen sollen", sagte Heike. „Es war zu warm im Zug, und Schinkenwurst verdirbt so leicht."

Thomas nickte. „Klarer Fall von Vergiftungserscheinung."

Heike runzelte die Stirn. „Oder ein übler Trick, damit er die Reisetasche nicht tragen muß."

„Ich schwör's", beharrte Michael. „Er hat klipp und klar gesagt, daß er seine Zeitmaschine nicht mehr hat. Es gibt Wichtigeres, meint er."

„Hm", machte Thomas nachdenklich. „Das wäre natürlich –"

„Mist, absoluter Reinfall, Betrug!" Michael ereiferte sich. „Hintergehung, gemeine Täuschung, Nepp! Mit den Sommerferien hätte sich etwas Besseres anfangen lassen, wirklich!"

„Er hat tatsächlich einen Sonnenstich", bemerkte Heike.

„Ganz meine Meinung", fiel Michael ein. „Er hat einen Sonnenstich, er ist verrückt geworden! So eine tolle Erfindung aufzugeben, das ist heller Wahnsinn! Wo man doch mit der Zeitmaschine so super – autsch!"

Heike hatte ihren Bruder geknufft, und Thomas zischte: „Halt jetzt endlich den Mund, und komm mit! Oder willst du hier Wurzeln schlagen?"

„Bloß das nicht." Seufzend ergriff Michael die Reisetasche, die Heike ihm großzügig überließ. Sie marschierten los. Es ging bergauf. Das Solarmobil war längst außer Sicht. Die Kinder kamen zu einer Kreuzung und überquerten die Straße.

„Stiefelsteiner Weg", entzifferte Michael ein Schild. „Hier

gibt's schon bekloppte Straßennamen. Auch die Adresse von Onkel Ambrosius: ‚Höhentalweg'! Das ist doch widersinnig. Entweder Höhe oder Tal."

„Vielleicht geht die Straße auf und ab", meinte Heike.

Ein Dackel kläffte sie durch einen Lattenzaun hindurch an. Moorteufel ließ sich nicht aus der Ruhe bringen.

„Dir ist sicher auch zu heiß", sagte Heike liebevoll zu dem Dackel. Der Hund verstummte und wedelte mit dem Schwanz.

„Typisch. Mit Tieren hat sie Mitleid", klagte Thomas. „Doch wenn ich verdurste, ist es ihr völlig egal."

„Ist es nicht", widersprach Heike.

„In Wahrheit liebt sie dich heiß und innig", verriet Michael und zwinkerte Thomas zu. „Du solltest sie mal sehen, wenn sie zu Hause am Schreibtisch sitzt. Anstatt Mathe zu machen, schmachtet sie nach dir."

Er wich gerade noch einer Ohrfeige aus. Heike stieß sich die Hand an einer Straßenlampe. Michael grinste schadenfroh.

„Dieser Bruder ist eine Last", klagte Heike und massierte die schmerzende Stelle.

„Ein Lastenträger", verbesserte Michael. „Der beste Packesel weit und breit."

„Das mit dem Esel stimmt", pflichtete ihm Heike bei und bewegte die Finger, um festzustellen, ob die Knochen noch heil waren.

„Dort drüben ist der Friedhof", verkündete Thomas. „Am Friedhof rechts vorbei und dann die dritte Straße links, hat der Wirt gesagt."

Ein goldener Engel lächelte milde vom Friedhofstor herab. Auf seiner Schulter hatte sich eine Taube niedergelassen. Ihr grüner Hals schillerte in der Sonne.

„Eine Brieftaube", stellte Thomas fest.

„Ja, sie fliegt per Anhalter", unkte Michael.

Durch das schmiedeeiserne Gitter sahen die Kinder die bunte Blumenpracht auf den Gräbern. Wieder ging es ein

Stück bergauf. Michael keuchte. Auch Moorteufel ließ die Zunge aus dem Maul hängen.

„Verflixt noch mal, warum muß Onkel Ambrosius so hoch oben wohnen?" Michael blieb stehen und atmete tief. „Die Luft ist schon viel dünner, spürt ihr's nicht?"

„Bevor du umfällst, nehme ich lieber die Tasche", erklärte Heike. „Außerdem geht's da vorne wieder ein Stück abwärts. Auf und ab – genau wie ich vorhin gesagt habe."

„Unmöglich, dieses Werthausen", war Michaels Kommentar. Fünf Minuten später waren sie angekommen. Fünf Minuten länger, und sie wären umgekommen, wie sich Michael ausdrückte, als er das verschwitzte T-Shirt über den Kopf streifte und sich damit die Stirn trocknete.

„Hier wohnt er also", bemerkte Thomas.

Das zweistöckige Haus war graugetönt und ziemlich häßlich. Es wäre keinen zweiten Blick wert gewesen, hätte nicht der Professor darin gelebt. Neben der Haustür stand ein großer Fliederstrauch mit violetten Rispen.

„Blühender Flieder im Juli?" wunderte sich Heike. „Blüht Flieder normalerweise nicht im Mai?"

„Keine Ahnung", sagte Thomas. „Guckt mal, da kommt ein Begrüßungskomitee."

Drei Hühner marschierten im Gänsemarsch den Gartenweg entlang und beäugten neugierig die Besucher. Das erste Huhn raffte sich sogar zu einem freundlichen „Gluck!" auf.

Michael stöhnte und verbarg sein Gesicht in den Händen. „O Gott, er hält sogar Hühner! Eier sind ihm wichtiger als die Zeitmaschine!"

In diesem Moment entdeckte das zweite Huhn Moorteufel, und mit aufgeregtem Gegacker verschwanden die drei hinter der Hausecke.

„Tja . . ." Mit gemischten Gefühlen betrachtete Thomas den Garten. Das Gras stand hüfthoch. Meterlange Bohnenstangen ragten zum Himmel. Im Vorgarten breitete ein knorriger Apfelbaum seine Zweige aus. Heike aber kniete auf dem Kiesweg und spähte angestrengt unter einen Busch.

„Suchst du Ostereier?“ wollte Michael wissen.

„Seht euch das an!“ Heikes Stimme klang vor Aufregung rauh. „Das sind eindeutig Schneeglöckchen.“

„Quatsch“, widersprach Michael, aber Thomas gab Heike recht. Es waren tatsächlich Schneeglöckchen.

„Im Juli“, sagte Heike tonlos.

„Vielleicht ist es eine neue Züchtung“, vermutete Thomas.

„Bei Onkel Ambrosius flippen sogar die Pflanzen aus“, sagte Michael. „Wundert euch das?“

Da wurde die Haustür aufgerissen. Eine kleine, grauhaarige Frau erschien und strahlte übers ganze Gesicht.

„Endlich seid ihr da!“ Sie kam heraus, um die Kinder zu umarmen. „Herzlich willkommen! Ich hoffe, daß ihr euch in Werthausen genauso wohlfühlt wie wir.“

„Uff!“ stöhnte Michael und machte sich frei. „Nanu, Frau Schneider! Fast hätte ich Sie nicht wiedererkannt!“

Auch die Haushälterin hatte sich verändert, zumindest äußerlich. Sie trug nicht mehr Rock und Schürze, sondern einen hellblauen Jogging-Anzug mit dem Aufdruck „Best on Earth“. Er ließ sie frischer und jugendlicher aussehen. Doch es war nicht allein das. Kaum waren die Kinder im Flur, begann Frau Schneider, ihnen von den Vorzügen des neuen Lebens vorzuschwärmen.

„Seit dem Umzug ist der Professor ein ganz anderer Mensch geworden! Was die Umgebung doch ausmacht!“

„Na, Obereichenbach war ja auch nicht eben 'ne Großstadt“, wandte Michael ein. Eigentlich wollte er noch sagen: „Es war ein genauso schlimmes Kaff“, aber Frau Schneider ließ ihn nicht zu Wort kommen.

„Ich kann hier prächtiges Gemüse anpflanzen. Der Boden ist wunderbar, richtig fette, dunkle Erde! Ich freue mich schon auf all die eingelegten Bohnen! Und endlich eigene Hühner, sieben Stück! Wirklich, der Garten ist ein Paradies, wohltuend für Leib und Seele. Das merkt sogar der Professor. Ich hab's ja immer gepredigt: Die Arbeit im Keller bekommt ihm nicht! – Und jetzt macht Herr Köhler täglich lange Spaziergänge . . ."

„Ich glaube, wir brauchen unsere Sachen gar nicht auszupacken", murmelte Michael düster.

Frau Schneider faßte den Satz anders auf und lächelte. „Nein, auspacken braucht ihr vor dem Essen bestimmt nicht mehr. Ich habe schon alles vorbereitet."

In dem kleinen, weißgekachelten Bad neben der Garderobe konnten sich die Kinder die Hände waschen. Heike blickte kurz in den Spiegel und sah, wie Michael hinter ihr Grimassen schnitt.

„Na, glaubst du's endlich? Das werden total lahme Ferien! Und weißt du, warum wir unbedingt sechs Wochen bleiben sollen? Damit wir uns endlich mal richtig erholen können! Solange, bis uns die Radieschen aus den Ohren wachsen!"

Heike sagte nichts, aber sie preßte den Zeigefinger so unter den Wasserhahn, daß das kalte Wasser zu Michael spritzte.

„Du Biest!" Er sprang beiseite.

„Das erfrischt und macht 'nen kühlen Kopf! Überleg doch mal: Das Solarmobil und Schneeglöckchen im Juli! Ich glaube nicht, daß der Professor seine Erfindungen aufgegeben hat."

„Nicht die Erfindungen, sondern die Zeitmaschine", knurrte Michael. Mißmutig wusch er sich die Hände. Das weiße Becken färbte sich grau.

„Puh, das war bitter nötig", sagte Heike und verließ das Bad. Im Eßzimmer lehnte sich gerade Frau Schneider aus dem Fenster und flötete in den Garten: „Ambrosius . . . Liebling . . . Apfelstrudel . . ."

Thomas und Heike sahen sich vielsagend an. Ein derart vertrautes Verhältnis zwischen dem Professor und seiner Haushälterin war ebenfalls neu.

Vor dem Fenster erschien jedoch nicht der Erfinder, sondern ein großer, brauner Hahn. Frau Schneider kippte liebevoll ein Schälchen mit Kuchenkrümeln in den Garten. Sie nickte zufrieden, als sich der Hahn auf die Bröckchen stürzte.

„Ambrosius ist ja so ein Feinschmecker." Sie drehte sich

nach den Kindern um. „Im Gegensatz zum Professor. Dem könnte ich an manchen Tagen noch immer geröstete Manschettenknöpfe servieren, ohne daß er's merkt. Aber insgesamt ist es mit ihm schon viel besser geworden."

Thomas, Heike und Michael setzten sich an den Tisch. Es gab warmen Apfelstrudel mit Vanillesoße, eine ihrer Leibspeisen. Moorteufel fand in seinem Napf sein Lieblingshundefutter vor. Für solche Dinge hatte Frau Schneider ein fabelhaftes Gedächtnis.

Wenig später betrat Professor Ambrosius das Eßzimmer. Er nahm ebenfalls am Tisch Platz. „Ich habe schon vorhin gegessen, aber ich sehe euch gerne zu." Er strahlte die Kinder an. „Na, wie findet ihr's hier? Ist es nicht großartig?"

„Ganz nett", murmelte Heike höflich. „Nein, danke, ich platze gleich!" wehrte sie ab, als ihr Frau Schneider ein drittes Kuchenstück auf den Teller legen wollte.

Der Erfinder nahm seine Brille ab und putzte sie nachdenklich an einem Tischtuchzipfel, ohne sich um Frau Schneiders Kopfschütteln zu kümmern.

„Wenn ihr Lust habt, können wir nachher zusammen einen Spaziergang machen."

„Bei der Hitze?" entrüstete sich Michael. Er hatte nur noch den Wunsch, sich irgendwo faul ins Gras zu legen.

„Dort, wo wir hingehen, ist es angenehm kühl. Es empfiehlt sich sogar, eine Strickjacke mitzunehmen", entgegnete Professor Ambrosius.

„Lassen Sie die Kinder doch erst mal sich ausruhen und ihre Sachen auspacken", mischte sich Frau Schneider ein. „Sie sind eben erst angekommen. Morgen ist auch noch ein Tag."

Damit ergriff sie den Teller mit dem Apfelstrudel und trug ihn in die Küche.

„Dann muß die Überraschung halt bis morgen warten", sagte der Professor.

„Welche Überraschung?" fragte Heike neugierig.

„Wenn ich euch mehr verrate, ist es ja keine mehr", sagte

Professor Ambrosius verschmitzt. „Aber ich glaube, es wird euch interessieren."

Die Kinder wechselten Blicke.

„Naja", gab Michael dann nach, „wenn der Spaziergang nicht gerade stundenlang dauert, schaff' ich's vielleicht noch."

„Ich bin gar nicht müde", ließ sich Heike vernehmen.

„Moorteufel und ich kommen natürlich auch mit", fügte Thomas hinzu.

„Na also." Der Professor lehnte sich zufrieden zurück und wartete, bis die Kinder fertiggegessen hatten. Als sie vom Tisch aufstanden, erinnerte sie der Erfinder noch einmal an die Jacken. Michael und Heike holten ihre Sweatshirts hervor, die sie für kühlere Tage eingepackt hatten, und Thomas schulterte einen Strickpullover.

„Kommt mit, wir gehen hinten hinaus", forderte der Professor sie auf. Durch die Terrassentür gelangten sie in den Garten. Links und rechts blühten Margeriten, Rosen dufteten, und ein Schwalbenschwanz ließ sich gerade auf einer Schale mit Geranien nieder.

Der Garten war riesig. Neben dem Haus befand sich eine Garage, davor stand das Solarmobil. Ein Huhn hockte auf dem Dach und sonnte sich.

„Wohin gehen wir?" fragte Heike, als sie den Garten verließen.

„Ein Stück den Höhentalweg entlang und dann über die Felder", erwiderte der Professor

„Und wo ist die Überraschung?" wollte Michael wissen.

„Unter den Feldern", antwortete Professor Ambrosius knapp.

„Unter?" Thomas blieb verblüfft stehen.

„Ist euch der Name nicht aufgefallen? ‚Höhentalweg'." Der Professor sah die Kinder an.

„Ich hab' schon gemerkt, daß es hier blöde Straßennamen gibt", sagte Michael.

„Nicht blöde, sondern falsche", entgegnete Professor Ambrosius. „Ich habe im Werthausener Archiv nachgeforscht. Dieser Weg hieß früher Höhlentalweg. Irgendwann ist dann das ‚l' verlorengegangen."

„Höhlentalweg", wiederholte Heike nachdenklich.

„Gibt's hier etwa eine Höhle?" sprudelte Michael heraus. „He, Onkel Ambrosius, du hast sie gefunden, ja?"

„Mal langsam, junger Freund", bremste der Erfinder den Jungen. „So einfach war es nicht. Eigentlich war's ein Zufall."

„Aber du hast sie gefunden?" bohrte Michael nach.

„Ja", sagte Professor Ambrosius ernst. „Und ich bin der einzige, der davon weiß."

Unterwegs erzählte er den Kindern, daß er schon vor längerer Zeit beschlossen hatte, sich stärker um die Nutzungsmöglichkeiten von Sonnenenergie zu kümmern.

„Dazu brauchte ich jedoch Platz. Ein sonniges Feld, eine baumlose Wiese – das war es, was ich suchte. Dann habe ich die Anzeige in der Zeitung gelesen, daß hier ein Stück Land günstig verkauft wird. Ich fuhr also her, um mir die Gegend anzusehen. Mein erster Gedanke war, daß es hier Karsthöhlen geben muß. Ich habe mich früher nämlich auch für Geologie interessiert."

„Und?" fragte Heike gespannt.

„Obwohl ich mich überall umhörte, wußte niemand etwas von einer Höhle. Der einzige Hinweis war dieser Straßenname. Ich aber war überzeugt, daß es eine Höhle geben müsse. Und dann habe ich den Eingang tatsächlich gefunden. Natürlich habe ich das Grundstück sofort gekauft – freilich, ohne jemandem etwas von der Höhle zu verraten."

Der Professor blickte die Kinder eindringlich an. „Aber all das erzähle ich euch streng im Vertrauen. Ich habe kein Interesse daran, daß diese Höhle erschlossen und für jedermann zugänglich gemacht wird. Denn erstens handelt es sich um ein gefährliches Labyrinth, und zweitens brauche ich die Höhle selbst. Warum, das werdet ihr gleich erfahren."

Das Labyrinth im Fels

Nachdem die Kinder und Professor Ambrosius eine Weile durch die Felder gegangen waren, kamen sie an eine Wegkreuzung.

„Nach links“, befahl der Erfinder.

Der Pfad war abschüssig und steinig. An beiden Seiten standen kümmerliche Apfelbäume. Schließlich versperrte ein rostiges Drahtseil den Weg. „Privatgelände“ verkündete ein Schild.

„Es soll die Leute hauptsächlich davon abhalten, den Hang als Schutthalde zu benutzen“, erklärte Professor Ambrosius. „Leider gibt's noch immer Menschen, die ihren Müll einfach in die Gegend werfen.“

Sie krochen unter der Absperrung durch. Nur Thomas sprang im Schersprung übers Seil.

„Ich würde das ja auch machen, aber dafür sind meine Shorts zu eng“, sagte Michael bedauernd.

Der Professor war schon vorausgegangen. Rechts in einer kleinen Senke befand sich ein stillgelegter Steinbruch. Es war kein besonders einladender Ort. Zwischen dem Geröll wuchsen Brennesseln. Eine Eidechse sonnte sich auf einem Stein und verschwand, als Michaels Schatten auf sie fiel.

„Sicher gibt's hier auch Kreuzottern“, vermutete Michael. „Oder Giftvipern und verborgene Fußangeln . . .“ Stirnrunzelnd betrachtete er seine nackten Beine. Thomas und Heike hatten es besser, sie trugen lange Hosen.

„Haltet euch dicht hinter mir“, sagte der Professor. „Und zieht anfangs die Köpfe ein. Das erste Stück ist ziemlich eng.“

Thomas sah sich nach dem Höhleneingang um, konnte aber keinen entdecken. Die graue Felswand starrte ihn abweisend an. Sie bot höchstens Unterschlupf für Mäuse.

Professor Ambrosius trat hinter eine schiefgewachsene Fichte. Kurz darauf war er wie vom Erdboden verschluckt.

Der Eingang war wirklich gut verborgen. Selbst wenn man hinter die Fichte schaute, hielt man die Öffnung im Fels zunächst für eine einfache Nische. Erst beim genaueren Hinsehen entdeckte man seitlich in Kniehöhe den eigentlichen Zugang.

„Einstieg zur Hölle“, kündigte Michael an.

Ein bißchen mulmig war es den Kindern schon zumute, als sie sich durch das Loch quetschten. Es ging gleich etwa einen Meter hinab. Danach konnten sie einigermaßen stehen. Der Gang war gerade breit genug für eine Person.

Michael stöhnte. „Ich seh' nur lauter grüne Kreise!“

Nach dem grellen Sonnenlicht mußten sich die Augen erst an die Dunkelheit gewöhnen.

„Kommt ihr?“ hallte die Stimme des Professors von irgendwoher.

Ein Frösteln überlief Heike. Hier im Fels war es merklich kühler als draußen. Ein eigenartiger modriger Geruch drang in ihre Nase.

„Wie in einem Grab“, murmelte Michael.

Sie tasteten sich voran. Thomas stieß sich einmal den Kopf an. Jedes Geräusch erschien verzerrt. Selbst Moorteufels Hecheln klang in den Ohren der Kinder auffallend laut.

„Hoffentlich ist er's noch“, sagte Michael. „Vielleicht ist uns in Wirklichkeit schon ein Werwolf auf den Fersen.“

„Noch eine solche Bemerkung, und ich hau' dir eine runter“, drohte Heike.

„Erst mal treffen“, antwortete Michael.

Es herrschte absolute Finsternis, stockdunkle Nacht. Die Kinder tappten blindlings vorwärts.

„Das nächste Mal nehme ich eine Taschenlampe mit“, schwor Thomas. Da prallte er auf ein Hindernis.

„Nicht so stürmisch, mein Junge“, beschwerte sich Professor Ambrosius. „Seid ihr jetzt endlich da? Okay. – Archie, bitte um Identifikation.“

„Hier heißt doch keiner Archie“, brummte Michael, doch dann stockte ihm der Atem.

Eine Reihe von Lämpchen flackerte auf. Das Licht huschte wie ein Leuchtgespenst durch den Gang und enthüllte für eine

Sekunde eine phantastische Welt aus Stein. Dann versank wieder alles in Dunkelheit, und eine Männerstimme über ihnen sagte:

„Archie bestätigt Identifikation."

Das Licht flammte wieder auf, und diesmal blieb es hell.

„Wer war das?" flüsterte Heike. Sie betrachtete die bizarr geformten Tropfsteine, die von der Decke herabhingen. Sie sahen aus wie riesige Eiszapfen. Oder wie die funkelnden Zähne eines gewaltigen Tiers.

„Keine Angst", sagte der Professor. „Das war Archimedes, mein Computer. Archie gehört zum Sicherheitssystem. Ich glaube zwar nicht, daß sich Fremde hierher verirren, aber schließlich kann man nie wissen. – Kommt mit!"

Zwar waren die Kinder von Professor Ambrosius schon einige Überraschungen gewohnt, doch was sie jetzt erlebten, übertraf ihre kühnsten Erwartungen. Sie folgten dem Erfinder durch den langen Gang. Stalagmiten wuchsen vom Boden empor. Stalaktiten hingen von der Decke herab; manchmal vereinigten sie sich zu Säulen oder zu langen, dünnen Stäben. Heike berührte vorsichtig einen der herabhängenden Zapfen, als müsse sie sich überzeugen, daß alles echt war. Sie spürte die feuchte Kälte des Gesteins.

„Sinterkalk", erklärte der Professor. „Die Tropfsteine haben Jahrtausende gebraucht, bis sie so groß geworden sind wie jetzt. Ein Jahrhundert für einen halben Zentimeter oder noch länger . . . unvorstellbar!"

„Und niemand außer dir hat die Höhle entdeckt?" fragte Heike ungläubig. „Aber die ganze Beleuchtung . . . die Absicherung . . ." Ihr Blick fiel auf die Halteseile, die an glitschigen Stellen angebracht waren. „Du bist doch erst ein paar Monate hier! Hast du das alles alleine gemacht?" Es erschien ihr unmöglich.

„Liebe Heike", der Professor blieb stehen, „hast du denn vergessen, daß ich über gewisse Möglichkeiten verfüge? Ich habe euch doch schon einmal erklärt, daß ich manchmal achtundvierzig Stunden am Tag arbeite. Inzwischen habe ich eine Methode entwickelt, mit meiner Zeit noch wirkungsvoller umzugehen . . ."

„Dann hast du deine Zeitmaschine also doch noch?" stieß Michael hervor. „Vorhin hast du gesagt, das alte Ding sei nichts mehr wert gewesen."

„Wart's ab", antwortete der Professor und zwinkerte vergnügt. „Ich habe euch doch eine Überraschung versprochen."

Sie gingen weiter. Ab und zu entdeckten die Kinder an der Wand Moos oder lange, weißstielige Pilze. Einmal deutete Thomas aufgeregt zur Decke.

„Die dunklen Flecke – was ist das?"

„Fledermäuse", erwiderte Professor Ambrosius. „Nur keine Bange. Sie fliegen erst bei Dämmerung aus der Höhle. Tagsüber schlafen sie. Außerdem sind es ganz harmlose, nützliche Tierchen."

Der Gang erweiterte sich zu einem Rondell. In der Mitte ragte eine mächtige Tropfsteinsäule empor. Sie wurde von unten nach oben dünner und ähnelte der Spitze einer Kathedrale. Atemlos blieben die Kinder stehen und betrachteten das Kunstwerk, das die Natur geschaffen hatte.

„Der Dom", sagte der Professor. „Merkt euch diesen Anhaltspunkt gut, denn hier verzweigt sich die Höhle. Haltet euch rechts. Dort führt auch das Seil entlang. Der linke Gang sieht zwar bequemer aus, aber das täuscht. Nur ein paar Meter, dann geht's hinunter in ein Labyrinth von Gängen und Hohlräumen. Ich habe diesen Höhlenabschnitt selbst noch nicht untersucht, weil er so gefährlich ist. Bleibt also bitte im eigenen Interesse auf der rechten Seite."

Sie umrundeten den „Dom". Kurz darauf gelangten sie zu einer natürlichen Treppe. Flache, schräge Stufen aus Sinterkalk führten in die Tiefe. Heike war froh, daß sie sich an dem rauhen Seil festhalten konnte. Trotzdem rutschte sie einmal an einer glatten Stelle aus und trat Moorteufel fast auf die Pfoten.

„Entschuldige!" Heike fand mühsam das Gleichgewicht wieder. „War bestimmt keine Absicht."

Thomas bot ihr großzügig seinen Arm als Stütze an, aber Heike lehnte ab.

Die Lampen wiesen den Weg. Ab und zu zweigten dunkle Seitengänge ab.

„Das Gestein ist löchrig wie ein Schweizer Käse", bemerkte Michael. „Wer da verschwindet, der wird so schnell nicht wiedergefunden . . . Wer weiß, wie viele Leichen dort –"

„Hör sofort auf!" fauchte Heike ihren Bruder an. Sie kannte seine Vorliebe für makabre Dinge.

„Ich meine ja nur." Michael tat beleidigt. Plötzlich blieb er stehen und deutete auf eine Nische in der Wand. „He, und das? Zwick mich, aber wenn mich nicht alles trügt, sieht das Zeug da aus wie –"

„Knochen", beendete Thomas den Satz.

In der Nische lagen merkwürdige runde und längliche Steine. Sie ähnelten tatsächlich Knochen, und Heike überlief eine Gänsehaut.

„Es sind die Überreste eines Höhlenbären", erklärte der Professor. „Die Knochen sind mit Sinterkalk überzogen und sehen deswegen aus, als wären sie aus Stein."

„Die Biester müssen ja riesig gewesen sein", stieß Michael aus.

„Vermutlich größer als ein Grizzly", erwiderte Thomas.

„Höhlenbären sind seit Jahrtausenden ausgestorben", beruhigte sie der Professor. „Ihr braucht also keine Angst zu haben, daß uns zufällig einer begegnet. Im übrigen hätte ich dann auch nicht meine Anlagen in dieser Höhle installiert. Das wäre viel zu gefährlich gewesen."

Heike warf noch einen letzten Blick auf das große Skelett, bevor sie weitergingen. Die Stufen wurden steiler, und die Treppe machte einen Bogen. Dann fanden sich die Kinder in einer hohen Halle wieder. Das Gewölbe lag zum größten Teil im Dunkeln. Nur seitlich glommen kleine rote Lichter.

„Archie", sagte der Professor, „wir sind da. Mach's ein bißchen heller, mein Freund."

„Stimmkontrolle positiv", tönte der Computer aus der Tiefe

der Halle. „Befehleingabe ungenügend. Wünschen Sie Beleuchtung B oder C?“

„Schalte C ein“, erwiderte Professor Ambrosius. Er wandte sich an die Kinder. „Archie ist immer so förmlich. Das kann ich ihm einfach nicht abgewöhnen.“

Der Computer hüstelte vorwurfsvoll. Der Erfinder seufzte.

„Es war ein Fehler, daß ich das Imitationsrelais eingebaut habe. Ich wollte nur, daß seine Stimme etwas weniger technisch klingt. Ich hatte keine Ahnung, daß er dann gleich alle menschlichen Sprechweisen nachahmt.“

„Beleuchtung C erfolgt in drei Sekunden“, meldete der Computer. Es knackte vernehmlich. Gleich darauf wurde es in der Höhle hell.

Den Kindern stockte der Atem.

Ein unterirdischer Fluß teilte die Halle. Das Wasser war vollkommen klar und schimmerte grünlich. In der Mitte des Gewölbes bildeten zwei Flußarme eine Insel, auf die eine kleine eiserne Brücke führte.

Auf der Insel jedoch schien die Luft zu vibrieren. Manchmal tauchten funkelnde Umrisse auf, ein ovales Gebilde wurde sichtbar, dann verschwamm alles wieder in einem regenbogenfarbenen Nebel.

Am Ufer des Flusses aber stand Archie, die Computeranlage. Die Pulte formten ein U. Über den Armaturen leuchteten drei Bildschirme. Auf dem ersten sah man den Höhleneingang. Die schiefe Fichte wiegte sachte hin und her. Auf dem mittleren Bildschirm waberten bunte Ovale, die sich ständig um ihre eigene Achse drehten, so daß einem vom Zuschauen ganz schwindelig wurde. Der Monitor ganz links verkündete nur:

5–D

„Was sagt ihr nun?“ Professor Ambrosius rieb sich vergnügt die Hände und sah die Kinder gespannt an.

„Die Frage ist unpräzise“, bemerkte Archie.

„Alter Nörgler! Dich meine ich doch gar nicht! – Na, ist das keine tolle Überraschung?"

Michael reckte den Hals. Weil er nichts entdeckte, was wie eine Zeitmaschine aussah, sagte er nur: „Super." Es klang mäßig begeistert. „Und wozu dient das alles?"

„Meine Güte, da fragst du noch?" Der Professor starrte seinen Großneffen entrüstet an. „Mein halbes Leben habe ich damit verbracht, eine Maschine zu erfinden, mit der Zeitreisen möglich sind. Jetzt habe ich das perfekteste aller Modelle gebaut, mit dem garantiert keine Pannen mehr passieren . . . und da fragst du, wozu das alles sei!" Er war gekränkt.

Michaels Blick irrte ein bißchen ziellos über die Anlage. Er blinzelte. „Ja, aber wo ist denn die Zeitmaschine?"

„In der fünften Dimension natürlich."

„Fünfte Dimension?" Heike runzelte die Stirn. „Ich kenne bloß drei. Dreidimensionale Körper. Eine Kugel zum Beispiel."

„Die vierte Dimension ist die Zeit. – Naja, und die fünfte . . ." Der Professor kratzte sich an der Nase. „Vielleicht ist der Ausdruck nicht ganz korrekt, aber ich nenne sie eben der Einfachheit halber die fünfte . . . Dort, wo die Zeitmaschine gerade ist, gibt es keine Zeit. Folglich kann die Maschine auch keinen Rost und keinen Grünspan ansetzen. Aber bitte, Archie, das kannst du viel besser erklären. Wozu habe ich dich?"

„Ich kann Ihre letzte Frage leider nicht beantworten", sagte Archie mit leicht verschnupfter Stimme. „In meinem Datenspeicher sind keine ausreichenden Informationen darüber enthalten, warum Sie mich gebaut haben. Der Sinn meiner Existenz ist mir unbekannt. Ich denke, aber warum bin ich?"

Der Professor seufzte. „Hör auf zu philosophieren. Wir wollen etwas über die fünfte Dimension wissen, Archimedes."

Der Computer wurde sachlich. „Der Vorteil der fünften Dimension ist, die Zeitmaschine jederzeit einsatzbereit zu halten und vor Korrosionseinflüssen zu schützen. Auch wird in diesem Zustand keinerlei Energie verbraucht. Physikalisch bewirkt die fünfte Dimension eine Geschwindigkeitsveränderung der kleinsten Materieteilchen, also der Protonen, Neutronen und Elektronen und damit – "

„Es genügt", unterbrach ihn der Professor. „Hol die Zeitmaschine lieber herbei."

„Sehr wohl", antwortete Archie.

Auf dem mittleren Pult blinkte eine Lichterreihe auf. Die bunten Ovale auf dem Monitor wurden zu einem waagrechten Balken, während auf dem linken Bildschirm die Information erschien:

FINIS 5–D

Michael zog hörbar die Luft ein. „Dort!"

Der regenbogenfarbene Nebel auf der kleinen Insel verdichtete sich. Geisterhafte Umrisse tauchten auf, zunächst grob gerastert, leuchtend wie glühendes Metall . . . Dann gewann der Gegenstand Form und Festigkeit.

„Eine ganz neue Zeitmaschine", stieß Heike überrascht aus.

Die Kapsel sah aus wie ein querliegendes Ei. Sie maß etwa drei Meter im Durchmesser, und ihre facettenhafte Oberfläche glitzerte im Licht.

„Tja, das ist sie", sagte Professor Ambrosius, und Stolz schwang in seiner Stimme. „Modell Spiegelei, aber das Beste, was ich bisher zustandegebracht habe. Durch und durch vollkommen. Eine Panne ist so gut wie ausgeschlossen."

„Einspruch", meldete sich Archie. „Zeitmaschinen sind nie vollkommen. Die Wahrscheinlichkeit einer Panne liegt bei mehr als 0,71 Prozent."

„Ach, halt den Lautsprecher", knurrte der Erfinder. „Deine Pingeligkeit nervt mich."

„Pingeligkeit?" fragte Archie. „Diesen Ausdruck kenne ich nicht. Ich möchte lernen. Bitte definieren Sie Pingeligkeit. Meinen Sie damit Sorgfalt? Präzision? Genauigkeit?"

Der Professor stöhnte. „So in etwa."

Archie schwieg. Nach einer Pause sagte er mit schuldbewußter Stimme: „Dann werde ich in Zukunft . . . weniger pingelig sein . . .“

Der Professor aber achtete nicht mehr auf Archie. Er schritt aufs Flußufer zu. Die Kinder folgten ihm.

„Die Zeitmaschine sieht echt super aus“, sagte Michael.

„Sie sieht nicht nur super aus, sie *ist* super“, korrigierte der Erfinder.

Die eiserne Brücke wackelte ein wenig, als sie sie betraten. Heike blickte aufs Wasser. Man bemerkte die Strömung kaum. Der Fluß schien stillzustehen, doch das täuschte. Genau wie die Wassertiefe.

„Es ist nicht so seicht, wie man denkt“, meinte Professor Ambrosius.

„Vielleicht gibt's hier Kraken und Tintenfische“, sagte Michael. „Wer hat Lust zum Höhlentauchen?“

Thomas streckte seine Hand ins Wasser und zog sie hastig zurück. „Brrr, das ist ja eiskalt!“

„Was habt ihr denn gedacht?“ brummte der Professor. „Habt ihr angenommen, dies hier sei mein privater Swimmingpool? Tut mir leid, Freunde. Für solche Vergnügungen habe ich nicht viel übrig, meine Arbeit geht vor. Außerdem ist Höhlentauchen so ziemlich das Gefährlichste, was man sich vorstellen kann. Schwimmen allein genügt nicht; man braucht die richtige Ausrüstung, sonst kann die Sache böse ausgehen. Dies nur als Warnung, damit ihr nicht auf irgendwelche Ideen kommt.“

„Kommen wir doch nie“, verteidigte sich Michael. „Oder haben wir schon je –“ Er brach ab, denn in diesem Moment berührte der Professor die Zeitmaschine, und mit einem fast lautlosen Zischen glitt die Einstiegsluke auf.

Thomas pfiff durch die Zähne, als er den kugelförmigen Innenraum sah. Die Sitze boten Platz für vier Personen. Auf dem Armaturenbrett befanden sich unzählige Knöpfe und Hebel, und in Augenhöhe war ein Bildschirm angebracht.

„Nun? Wie findet ihr sie?“ fragte Professor Ambrosius stolz.

„Da passen wir wenigstens alle rein“, stellte Michael mit Genugtuung fest. Er hatte insgeheim schon befürchtet, der Erfinder hätte die neue Zeitmaschine nur noch für Alleinreisen gebaut.

„Ich sagte euch doch: Sie ist perfekt“, wiederholte der Professor. „Ich könnte sogar eine komplette Fußballmannschaft mitnehmen. Oder ein Rudel Wölfe, wenn's unbedingt sein muß.“ Er sah die zweifelnden Gesichter und lächelte. „Natürlich nicht in der Maschine selbst. Aber ich kann das Zeitfeld ausdehnen . . . und alles, was neben der Maschine steht, reist ebenfalls mit.“

Eine steile Falte erschien auf Michaels Stirn.

„Wirklich“, beteuerte Professor Ambrosius. „Ich muß keine Seitenteile mehr abschrauben und keine Drähte umstöpseln! Alles funktioniert reibungslos, sobald ich ein paar Hebelchen umlege.“ Er redete sich in Begeisterung hinein. „Ihr seht, alles ist viel komfortabler und besser geworden.“

„Tja“, machte Thomas, „wenn Sie das sagen . . .“

„Das sage ich nicht nur, das ist auch so!“ Die Augen des Professors funkelten. „Aber ich werde es euch beweisen. Ich zeig's euch! Eine Sekunde . . .“ Er kletterte in die Zeitmaschine und stand einen Moment lang unschlüssig vor dem Pult, den Zeigefinger an die Lippen gelegt, so als müßte er sich erst besinnen, welcher der unzähligen Schalter denn nun eigentlich zu betätigen sei.

Michael und Heike wechselten einen Blick. „Was kommt jetzt?“ hieß das. Thomas zwinkerte bedeutungsvoll, aber weil der Professor gerade aufschaute, tat er so, als sei ihm eine Fliege ins Auge geraten.

„Ach ja, das war's!“ Zielstrebig schnellte der Finger des Professors nach vorne und betätigte zwei kleine Hebel. Dann winkte der Erfinder die Kinder ungeduldig ins Innere der Maschine. „Rasch! Oder wollt ihr durch die Zeit gewirbelt werden?“

Dazu hatte keines der Kinder Lust, und deswegen beeilten sich die drei, der Aufforderung des Professors nachzukommen. Moorteufel sprang mit einem riesigen Satz in die Maschine und belegte gleich zwei Sitze auf einmal. Als Thomas freundlich, aber bestimmt zu ihm sagte: „Hör mal, mein Bester, so geht das aber nicht!", geschah es.

Rauschen und Brausen erfüllten die Höhle, so als würde ein gewaltiger Fluß daherschäumen.

„Ist da vielleicht etwas undicht geworden?" fragte Michael alarmiert und starrte zur Höhlendecke. Das Geräusch wurde immer lauter, und Heike preßte ihre Hände auf die Ohren. Thomas versuchte, Moorteufel zu beruhigen.

„Verflixt und zugenäht!" schimpfte der Erfinder und knipste zwei weitere Schalter an. „Was funktioniert da nicht? Ich wollte ein Zeitfeld um die Maschine aufbauen. Warum geschieht das nicht? Archie, was hast du gemacht?"

„Ich korrigiere", flüsterte eine schuldbewußte Stimme aus dem Lautsprecher des Schaltpults. „Ich habe nichts gemacht. Sie haben die falschen Befehle eingegeben. Sie haben kein Zeitfeld, sondern eine Zeitschleuse geschaffen."

„Was?" brüllte Professor Ambrosius.

„Eine Zeitschleuse", sagte Archie sanft. „Es liegt an einer minimalen Veränderung der Gezeiten-Formel. Ich hätte Ihre Befehlseingabe berichtigen können, doch ich wollte nicht so pingelig sein."

Der Erfinder war einen Moment lang sprachlos.

„Wie – eine Zeitschleuse?" hauchte er dann.

„Eine Zeitschleuse ist eine einseitige Möglichkeit, durch die Zeit zu reisen", erklärte Archie sachlich. „Kreaturen der Vergangenheit können die Gegenwart erreichen, sobald sie in den Einzugsbereich dieser Schleuse geraten. Die Schleuse hat im Moment einen Durchmesser von 30,7 Metern und reicht bis ins Jahr 30 742 vor Christus zurück. – Ich verbessere: bis ins Jahr 30 743 . . ."

„Was machst du da?" schrie der Professor entsetzt. „Halt! Stoppe diesen Vorgang auf der Stelle, du Nichtsnutz!"

Fast augenblicklich erstarb das unheimliche Dröhnen. Es wurde still. Professor Ambrosius atmete auf.

„Hör zu, Archie: Tu das nie wieder, ja?"

Auf dem Zeitmaschinen-Monitor erschien eine Reihe von gelben Fragezeichen. Der Erfinder seufzte.

„Manchmal übertreibt er's."

„Wie funktioniert das eigentlich?" wollte Thomas wissen. „Wo ist Archie? Hier in der Zeitmaschine oder drüben am Ufer?"

„Es ist ein System, aber beide Teile können auch unabhängig voneinander arbeiten", antwortete der Professor. „Die Datenübertragung erfolgt per –"

In diesem Augenblick schrie Heike auf. „Da!"

Sie wies aufs andere Ufer. Eine Gruppe Menschen war dort aufgetaucht. Im ersten Moment dachte Michael an Schaulustige, die die Höhle doch gefunden hatten. Dann sah er genauer hin.

Die Leute trugen dunkle, zottige Felle. Manche hatten auch grobe Holzkeulen in der Hand. Am auffallendsten waren die flache Stirn und die dicken Augenbrauenwülste.

„Ich werd' nicht wieder", stöhnte Michael. „Wer sind diese Kerle? Und woher kommen sie?"

„Frag lieber, wie sie wieder verschwinden.", knurrte Professor Ambrosius. Seine Hände glitten mit fliegender Hast über das Schaltpult. „Sie gehören nicht in diese Zeit, und wir müssen sie sofort wieder in ihre Epoche zurückbringen!"

„Sind das . . ." Heike stotterte vor Aufregung, „sind das Urmenschen?"

Einer der Leute, offenbar der Anführer, blickte sich mit sichtlicher Verwirrung um. Dann rief er den anderen etwas zu. Drei Männer schwangen ihre Keulen. Ein vierter trat vor und watete bis zu den Knien in den eiskalten Fluß. Er schlug mit der Keule aufs Wasser. Es spritzte auf, und der Mann brüllte, als hätte er sich verbrannt.

„Was tut er da?" Heike riß die Augen auf.

„Wahrscheinlich prüft er nach, ob er träumt." Thomas' Stimme bebte. Die Kinder beobachteten bang, wie der Anführer das große Schaltpult umrundete. Vor dem linken

Bildschirm blieb er stehen, preßte sein Gesicht an die Scheibe und schnupperte. Dann zog er enttäuscht den Kopf zurück und donnerte mit der Faust auf den Monitor. Da nichts geschah, hob er die Keule.

„Er macht die Anlage kaputt!“ japste Michael.

„Donner und Doria! Da soll doch gleich –“ Der Professor trat in die Luke und brüllte ans andere Ufer hinüber: „Finger weg von Archie! Sonst passiert etwas!“

Der Anführer hielt inne und wandte den Kopf. Auf seinem Gesicht spiegelte sich Verblüffung.

„Meinst du, er versteht dich?“ fragte Heike.

„Völlig ausgeschlossen“, antwortete Professor Ambrosius. „Aber wenn er Archie ruiniert, haben wir zwanzig Neandertaler am Hals und keine Chance, sie je zurückzubringen.“ Laut rief er: „Die Keulen weg und Hände hoch! Und bleibt ganz ruhig stehen, bis ich die Daten für eure Rückreise eingestellt habe.“ Er befahl den Kindern: „Laßt sie bloß nicht aus den Augen!“ und verschwand wieder in der Maschine.

„Na, Prost Mahlzeit!“ sagte Michael, während er und Thomas Blickkontakt mit dem Anführer hielten. „Was machen wir, wenn die rüberkommen?“

Der Anführer hatte sich von seiner Überraschung erholt. Unverwandt starrte er zurück, und Michael und Thomas wurde es unbehaglich zumute.

„Ich fürchte, die nächste Viertelstunde wird nicht sehr gemütlich“, murmelte Thomas.

„Ich hab's gleich“, kündigte der Erfinder an. Die Kinder hörten, wie er hastig auf die Knöpfe tippte. „Ich glaube, so müßte es stimmen. Mach jetzt bloß keinen Mist, Archie, ich bitte dich. Ich möchte den gleichen Vorgang wie vorhin, nur rückwärts. Schnell! Oder willst du, daß man dir den Schädel einschlägt?“

„Irrtum, ich habe keinen Schädel“, erwiderte Archie ruhig. „Mein Gehirn besteht aus elektronischen Schaltkreisen. Ich bin ein Computer der Klasse KI: Künstliche Intelligenz. Ich wurde geschaffen von Ambrosius Köh –“

„Beeil dich“, unterbrach ihn der Professor. „Sonst *warst* du ein Computer.“

Archie sagte nichts mehr. Kurz darauf setzte das Brausen und Dröhnen wieder ein, und zwar genau in dem Augenblick, als der Anführer das Brückengeländer befühlte. Mißtrauisch hielt er inne und lauschte. Das sonderbare Geräusch schien ihn zu verwirren. Auch die anderen spähten beunruhigt nach oben. Dann brüllte der Anführer einen Befehl und setzte seinen Fuß auf die Brücke. Im selben Moment verschwand er und seine Gefährten mit ihm, als hätten sie sich in Luft aufgelöst.

„Puh!“ Michael stöhnte. „Das ging ja grad noch mal gut! Keine Ahnung, was wir gemacht hätten, wenn die Kerle tatsächlich über den Fluß gekommen wären.“

„Oder wenn sie die Anlage zerstört hätten“, ergänzte Professor Ambrosius und tupfte sich die Schweißperlen von der Stirn. „Nicht auszudenken . . .“

„Achtung“, meldete da Archie. „Die Energieversorgung bricht in wenigen Sekunden zusammen. Ich schalte auf Sparflamme.“

Schlagartig wurde es in der Höhle dunkel. Es brannte nur noch die Notbeleuchtung. Auch in der Zeitmaschine war es finster geworden. Ein mattes Grünlicht ließ der Professor und die Kinder wie Gespenster aussehen.

„Zu dumm“, murmelte Professor Ambrosius. „Es wird eine Weile dauern, bis es wieder heller wird. Meine Stromversorgung hier läuft nämlich über einen Solargenerator. Die Solarzellen befinden sich auf einem Feld da oben“, er wies zur Decke, „und bis die Batterien wieder aufgeladen sind, vergehen ein paar Stunden, vorausgesetzt, es ist schönes Wetter. – Tja, nichtsdestotrotz haben wir noch einmal Glück gehabt. Es hätte alles viel schlimmer kommen können.“

„Äh . . . ich dachte, es gibt keine Pannen mehr.“ Michael konnte es nicht lassen, er mußte ein bißchen sticheln.

„Irren ist menschlich“, erwiderte Professor Ambrosius. „Das unterscheidet uns eben vom Computer.“

„Sind Sie sehr böse auf mich?“ fragte eine Schrift auf dem Bildschirm.

Der Professor tippte „Ja“, worauf der Monitor dunkel wurde.

„Hoffentlich hast du Archie nicht beleidigt“, meinte Heike mitfühlend.

„Ach, das gibt sich schon wieder“, sagte der Erfinder. „So ganz schuldlos ist er ja auch nicht. Jetzt können wir heimgehen; heute läuft nichts mehr, tut mir leid. Ohne Strom auch keine Zeitreisen. Ich kann die Maschine nicht mal mehr in die fünfte Dimension schicken, sondern muß alles so lassen, wie es momentan ist. Wir müssen unsere Pläne also auf morgen verschieben.“

Eigentlich hatten die Kinder gar nichts dagegen einzuwenden. Die lange Zugfahrt und die Höhlenbesichtigung hatten sie etwas ermüdet, außerdem war ihnen die Sache mit den Neandertalern mehr in die Glieder gefahren, als sie es zugeben wollten. Nur Michael schmiedete schon wieder neue Pläne. Als sie über den Brückensteg gingen, schaute er verlangend aufs Wasser hinab.

„Wenn wir ein Schlauchboot hätten, dann könnten wir herausfinden, wohin der Höhlenfluß führt.“

„Ja, und irgendwo steckenbleiben oder herunterfallen!“ brummte Professor Ambrosius. „Keine eigenmächtigen Aktionen, bitte! Ihr kennt euch hier nicht aus, und wenn ihr euch verirrt, dann weiß kein Mensch, wo –“

„War ja bloß so ’ne Idee“, unterbrach ihn Michael.

„Mir ist es hier drinnen außerdem viel zu dunkel“, murmelte Heike, die allmählich Sehnsucht nach der Sonne bekam.

In diesem Augenblick blieb Moorteufel stocksteif stehen und knurrte.

„He“, sagte Thomas und zog am Halsband. „Was ist los, Guter? Geh weiter! Es ist doch bloß ein bißchen finster, deswegen brauchst du dich nicht zu fürchten!“

Moorteufels Knurren wurde lauter.

„Da stimmt was nicht“, flüsterte Michael.

Heike fröstelte trotz ihres Sweatshirts. Sie hatte das Gefühl, daß jemand sie aus der Dunkelheit heraus beobachtete. Das Herz schlug ihr bis zum Hals

Auch Professor Ambrosius teilte das Unbehagen. Er blieb stehen. Seine Hand tastete nach dem Geländer.

„Ist da jemand?“ fragte er laut. Seine Stimme hallte. „Hallo! Wer ist da?“

Niemand antwortete.

Moorteufel knurrte noch immer. „Sei ruhig“, befahl Thomas. Daraufhin verstummte der Hund, doch der Junge spürte, wie die Anspannung des Tieres blieb.

„Ist es möglich, daß er sich täuscht?“ fragte Heike. „Vielleicht ist da gar nichts.“

„Moorteufel irrt sich nie“, sagte Thomas überzeugt.

Sie gingen weiter, Augen und Ohren aufs äußerste angestrengt.

Als sie das Ufer erreicht hatten, hörten sie, wie ein Stück weiter ein Stein über den Boden kollerte. Dann vernahmen sie das eilige Tappen von Füßen. Jemand lief vor ihnen weg!

„Verflixt und zugenäht“, stieß der Professor aus. „Ausgerechnet jetzt ist es so finster, daß man kaum die Hand vor Augen sieht! Archie, ich könnte dich kurzschließen!“

Die Kinder und der Erfinder lauschten in die Richtung, in der sie zuletzt einen Laut gehört hatten. Doch jetzt war es still. Nein, nicht ganz! Jemand atmete hastig. Ein Tier? Ein Mensch? Wieder ertönten Schritte.

„Wer immer Sie sind, bleiben Sie stehen!“ rief der Professor.

Das unsichtbare Wesen reagierte nicht. Thomas hatte Moorteufel bisher zurückgehalten, nun ließ er ihn los. Der Hund schoß nach vorne, sein schwarzes Fell wurde eins mit der Dunkelheit. Wenig später hörten die Kinder Moorteufels dumpfes Gebell. Es schien tief aus dem Fels zu kommen. Offenbar hatte der Hund den Flüchtenden gestellt.

„Sie müssen in einem Seitengang sein“, vermutete der

Erfinder. „Wartet hier auf mich, ich kenne mich besser aus als ihr." Er drängte sich an den Kindern vorbei und verschwand in der Finsternis. Es vergingen bange Minuten.

„Und wenn es einer von den Kerlen ist", Michael vermied das Wort „Neandertaler", „vielleicht haut er Onkel Ambrosius den Schädel ein . . ."

„Hör bloß auf", flüsterte Heike und ballte die Hände zu Fäusten.

„Moorteufel ist ja auch noch dabei", entgegnete Thomas, doch seine Zuversicht war nicht ganz echt.

„Los, wir gehen ihm nach", entschied Michael. Er hielt es nicht mehr aus, einfach nur dazustehen und zu warten.

„Wenn wir bloß mehr sehen würden!" sagte Thomas grimmig. Zwar hatten sich ihre Augen inzwischen an die Dunkelheit gewöhnt, trotzdem wären die Kinder fast an der Felsspalte vorbeigelaufen.

„Da ist ein Gang, hier drinnen müssen sie sein", stellte Michael fest.

„Still!" zischte Heike. Sie hatte etwas gehört. „Ich glaube, sie kommen!"

Das Geräusch von Schritten, die Stimme des Professors und ein Wimmern, fast ein Heulen . . .

„Das hört sich ja an wie –", begann Heike erstaunt, aber weiter kam sie nicht, denn in diesem Moment ertönte ein Schmerzensschrei des Professors.

„Autsch! Verflixt und zugenäht! Du Biest!"

Jemand rannte hastig den Gang entlang. Dann stürzte eine kleine Gestalt aus dem Felsen und prallte in vollem Lauf gegen Thomas. Der Junge packte geistesgegenwärtig zu und hielt das Wesen am Arm fest.

„Halt! Hiergeblieben!"

„Aber das ist ja –", sagte Michael verblüfft.

„Nur ein Kind", erwiderte der Professor, der nachgekommen war. Er rieb sich die verletzte Hand. „Aber Vorsicht, es ist bissig!"

Hilfe – ein Neandertalkind!

„He, zappel nicht so! Wir tun dir doch gar nichts!“ keuchte Thomas, während er das Kind mit aller Kraft festhielt. Es wand sich, fletschte die Zähne und funkelte ihn wütend an. Das struppige Haar war klatschnaß und die Stirn schweißüberströmt.

„Es hat wahrscheinlich Todesangst vor uns“, meinte Heike. Sie war voller Mitleid.

„Todesangst, ja“, stöhnte Thomas, denn eben wollte das Kind seine Zähne in sein Handgelenk bohren. Mit einem Griff drehte Thomas ihm den Arm auf den Rücken. Jetzt wehrte es sich nicht mehr, aber in seinen Augen lagen Haß und Zorn, und es zitterte am ganzen Körper.

„Es ist ein Neandertalkind“, murmelte Professor Ambrosius. „Wahrscheinlich war es vorhin nicht mehr im Einzugsbereich der Zeitschleuse und ist deswegen hiergeblieben. Hm . . . was machen wir nun mit ihm? Wir können es nicht in seine Zeit zurückschicken, weil wir im Moment zu wenig Energie haben. Äh . . . hat mal einer von euch ein sauberes Taschentuch? Meine Hand blutet ein bißchen.“

Heike reichte ihm ein zusammengefaltetes Papiertaschentuch, das der Professor auf seinen Handrücken preßte. Das Kind beobachtete ihn dabei. Es schien seine Tat nicht zu bereuen.

„Puh, ich glaube, es würde uns am liebsten in der Luft zerreißen“, stellte Michael fest.

„Kein Wunder, wir sind ja völlig Fremde“, erwiderte der Erfinder. „Und es hat keine Ahnung, warum es hier gelandet ist.“

„Hör mal zu.“ Heike beugte sich nieder und sprach mit ihrer sanftesten Stimme auf das Kind ein. „Du brauchst keine Angst vor uns zu haben, wirklich nicht.“

Das Kind spitzte die Lippen und spuckte, aber es traf nicht, weil Heike blitzschnell reagiert hatte und ausgewichen war.

„Was für eine Wilde!“ sagte der Professor.

„Du meinst, es ist ein Mädchen?“ fragte Michael erstaunt, denn er hatte das Kind für einen Jungen gehalten.

Es war wirklich schwierig zu sagen, ob es sich um ein Mädchen oder um einen Jungen handelte. Das kleine Gesicht mit den verzerrten Zügen verriet nur Angst, die flache Stirn und das borstige Haar wirkten gnomenhaft, und das abgewetzte Tierfell sah so aus, als würde das Kind es schon seit Jahr und Tag tragen.

„Wir werden herausfinden, was es ist“, sagte Professor Ambrosius. „Wir müssen auf alle Fälle versuchen, uns mit ihm zu verständigen, denn es darf uns unter keinen Umständen weglaufen. Ihr wißt ja, wie sehr ich es hasse, Durcheinander in den Zeiten anzurichten.“ Der Erfinder schluckte. „Aber das Auftauchen der Neandertaler war bestimmt nicht beabsichtigt.“

„Hast du noch deine Sprachpillen?“ wollte Michael wissen. Er erinnerte sich gut an jene erbsengroßen Pillen, die der Professor einst erfunden hatte. Mit ihrer Hilfe gelang es jedem, eine Fremdsprache in Windeseile zu lernen, denn die Droge regte das Lernzentrum im Gehirn enorm an. Leider hatten die Pillen ein paar unangenehme Nebenwirkungen, trotzdem war die Erfindung sehr nützlich. Sie konnte sicher auch helfen, mit dem Neandertalkind besseren Kontakt zu bekommen.

Professor Ambrosius tastete automatisch nach seinen Taschen und hob dann bedauernd die Schultern. „Tut mir leid, aber die Pillen sind zu Hause. Zu dumm!“ Er kratzte sich am Kopf. „Wahrscheinlich ist es ohnehin besser, wenn wir das Kind mit heimnehmen. Wir können es ja schlecht allein in der Höhle lassen.“

Einen Moment lang stand den Kindern die Vorstellung wie ein Alptraum vor Augen: das Neandertalkind im Hause des Professors!

„O Mann!“ Michael verdrehte die Augen. „Ich schätze, für Frau Schneider müssen wir uns ein paar gute Ausreden einfallen lassen!“

„Na, für Ausreden bist du ja Spezialist“, gab der Professor scherzhaft zurück, doch dann wurde er ernst. „Wir müssen es schaffen, das Kind heil und unverletzt in die Vergangenheit zurückzubringen. Das geht erst morgen. Bis dahin also . . .“ Er verstummte, und die Kinder spürten, daß er ihnen einen Teil der Verantwortung übertrug.

„Wir werden unser Bestes tun“, versprach Heike und warf einen Blick auf das Neandertalkind, das einerseits ihre Neugier erregte, aber ihr auch gleichzeitig Unbehagen einflößte. „Es soll sich bei uns wohl fühlen.“

Das Kind knurrte, warf den Kopf hin und her und zeigte die Zähne.

„Ich fürchte, wir werden es nicht leicht haben“, meinte Thomas, und damit sollte er recht behalten.

„Wenn uns jemand gesehen hätte, dann wären wir wegen Kindesentführung verknackt worden“, stellte Michael fest.

Sie hatten den Garten des Professors erreicht und waren schweißüberströmt. Weil sich das Neandertalkind geweigert hatte, auch nur einen einzigen Schritt zu gehen, hatten sie es tragen müssen.

„Ich rieche jetzt genauso wie das Fell!“ beschwerte sich Thomas. „Das ist bestimmt noch nie gewaschen worden.“ Er rümpfte die Nase und setzte das Kind auf den Boden. Dort blieb es hocken, dem Anschein nach ganz teilnahmslos, doch seine Augen huschten lebhaft umher, um sich jede Einzelheit einzuprägen.

„Paßt bloß auf“, warnte Michael. „Es nützt bestimmt die erste Gelegenheit, um abzuhauen. Mensch, was erzählen wir bloß Frau Schneider? Sollen wir sagen, daß uns das Kind einfach zugelaufen ist? Die ist imstande und ruft die Polizei an.“

„Sie ruft nicht an“, widersprach der Professor. „Sie ist nämlich einkaufen. Mit dem Fahrrad. Sie beschwert sich immer, daß ich sie nicht mit dem Solarmobil zum Supermarkt fahren kann.“

Das Kind duckte sich und wurde ganz steif, als sie es ins Haus brachten. Doch drinnen erregte alles seine Neugier. Es berührte die spiegelnden Fensterscheiben, machte große Augen und zog ängstlich seine Hand zurück. Es wußte auch nicht, wie man auf einem Stuhl saß. Michael machte es ihm geduldig vor, während Heike in der Küche nach etwas Eßbarem suchte. Der Professor kam nach und öffnete die Hand.

„Hier, eine Sprachpille. Ich habe sie eben aus dem Schlafzimmer geholt. Wir müssen sie ihm unbemerkt ins Essen geben. Ich glaube nicht, daß es die Sprachpille freiwillig schluckt."

„Vielleicht hier in den Pudding?" Heike schaute den Professor fragend an und lupfte den Deckel einer Schüssel, die im Kühlschrank gestanden hatte. Drinnen befand sich eine glibberige rosa Masse. „Ob es so was mag?"

„Keine Ahnung." Professor Ambrosius zuckte mit den Schultern. „Ich persönlich bin nicht gerade versessen auf das Zeug, aber Frau Schneider hat eine Leidenschaft dafür entwickelt. Wir müssen es einfach ausprobieren. Ich glaube allerdings, daß dem Kind eine Hammelkeule lieber wäre."

Heike füllte den Pudding in kleine Schalen. In die Schale, die für das Neandertalkind bestimmt war, zerkrümelte der Erfinder die Sprachpille.

„Die grünen Krümel sehen aus wie getrockneter Schnittlauch", bemerkte Heike. Sie schüttelte sich. „Brrr! Pudding und Schnittlauch!"

„Sei nicht so zimperlich", sagte Professor Ambrosius und trug das Tablett mit den Schalen zur Tür hinaus.

„Bin ich gar nicht", wehrte sich Heike und ging hinter ihm her. „Warte, wir haben die Löffel vergessen."

Das Kind legte seine Stirn in Falten, als der Professor eine Schale vor seine Nase stellte. Offenbar wußte es nichts damit anzufangen. Auch den Löffel drehte es ratlos hin und her, dann hellte sich sein Gesicht auf, und es steckte ihn hinters Ohr.

„O nein", stöhnte Michael und schnitt eine Grimasse.

„Es hat natürlich noch nie mit dem Löffel gegessen“, erklärte der Professor. „Das muß es erst von uns lernen.“

Das Kind roch interessiert am Pudding, tippte schließlich mit seinem Zeigefinger in die Schale und malte sich einen rosa Streifen auf die Backe.

„Es begreift nicht, daß man den Pudding essen kann“, japste Michael. Er tauchte seinen Löffel in die Schale und führte ihn zum Mund. „Schau, so mußt du es machen. Essen – so!“

Thomas tat es ihm nach und kaute laut, um zu zeigen, wie gut es ihm schmeckte. „Ich hab' mich noch nie so albern gefühlt, ehrlich“, murmelte er. Da lächelte das Neandertalkind zum ersten Mal.

„Na also. Scheint so, als würde unser Gast ein bißchen auftauen“, bemerkte Professor Ambrosius.

Das Lächeln verschwand jedoch genauso schnell wie es gekommen war. Zumindest hatte das fremde Kind nun begriffen, wozu der Pudding da war. Es schöpfte die rosa Masse mit der hohlen Hand aus der Schale, kostete vorsichtig und verzog die Lippen. Der Geschmack war neu, aber anscheinend nicht unangenehm, denn es stopfte blitzartig den restlichen Pudding in den Mund und leckte anschließend die Finger ab.

„Gut, daß das Frau Schneider nicht gesehen hat“, meinte Michael. Heike machte ihm ein Zeichen und flüsterte: „Die Sprachpille muß gleich wirken, also paß auf, was du sagst!“

Sie wandte sich an das Kind, tippte sich auf die Brust und sagte: „Ich bin Heike. Wie heißt du?“

Das Neandertalkind starrte Heike nur an. Das Mädchen wiederholte die Worte, aber das Kind reagierte noch immer nicht. Heike war ratlos.

„Das ist Michael.“ Sie wies auf ihren Bruder. „Und dort sitzt Thomas. Wir wollen dir helfen. Du brauchst keine Angst vor uns zu haben.“

Das Kind schwieg.

„Warum versteht es mich denn nicht?“ fragte Heike verzweifelt. „Die Sprachpille müßte längst gewirkt haben. Was meinst du, Onkel Ambrosius?“

Der Erfinder rieb sich nachdenklich die Nase. „Vielleicht hätten wir sie doch nicht zerbröseln sollen. Die Zusammensetzung ist jetzt ein wenig anders als früher, aber ich bin überzeugt, daß die Pillen nach wie vor wirken." Er furchte die Stirn. „Oder sollte ich mich etwa täuschen?"

„Oh Onkel Ambrosius!" Michael stieß die Luft aus. Manchmal war es schlimm mit dem Professor! Er war mit seinen Arbeitsergebnissen nie zufrieden, sondern wollte sie immer noch verbessern. Es war ein richtiger Tick. „Hast du denn keine alten Pillen mehr?"

„Nein, keine einzige, tut mir leid", sagte Professor Ambrosius bedauernd. „Die neuen sind außerdem viel besser."

Bei dem Wort „besser" zuckte Michael zusammen. Hatte er nicht recht gehabt?

Der Erfinder fuhr stolz fort: „Es wird einem nicht mehr schlecht, wenn man sie nimmt. Und wenn sie wirkt und man in der fremden Sprache redet, vergißt man seine Muttersprache nicht mehr, sondern kann beides."

„Beides?" fragte Michael skeptisch. „Abwarten . . . Vielleicht kann man nur die Muttersprache, und die neuen Pillen sind wirkungslos wie grüne Erbsen."

Damit war er einen Schritt zu weit gegangen. Der Professor konnte es nicht leiden, wenn man an seinen Fähigkeiten zweifelte. Er funkelte Michael zornig an.

„So, du glaubst also, ich kann nichts? Hältst mich für einen Versager, wie? Oder für einen alten Spinner, ja?" Er schlug mit der Faust auf den Tisch. „Verflixt und zugenäht, dann kannst du ja heute abend gleich wieder abreisen, wenn's dir hier nicht paßt!"

Michael wurde so rot wie eine überreife Tomate. Er hatte den Erfinder nicht reizen wollen, denn seine Zornanfälle waren berüchtigt. Zaghaft begann der Junge: „Ich wollte wirklich nicht –"

„Spar dir deine Worte", donnerte der Professor. „Ich kann auch nichts dafür, daß wieder mal ein Fehler passiert ist. Daran ist nur der Trottel von Computer schuld, und ich werde Archie morgen verschrotten, darauf kannst du Gift nehmen!"

„Seid doch mal ruhig", mischte sich Heike ein, und der Erfinder herrschte sie an: „Dies ist mein Haus, und hier drin rede ich, soviel ich will!", aber dann verstummte er doch.

Vom anderen Tischende kam ein seltsamer Laut, ein dumpfes, kehliges Grollen. Das Neandertalkind hatte seine Hand an den Hals gelegt und sagte mit tiefer, heiserer Stimme:

„Ula. Ich . . . Ula."

Jedes Wort schien eine große Anstrengung zu sein.

Die Kinder brauchten eine Weile, bis sie sich von ihrer Überraschung erholt hatten. Michael faßte sich als erster.

„Also funktioniert die Sprachpille doch", murmelte er.

„Sprach-?" würgte das Neandertalkind mühsam hervor und machte große Augen.

„Du heißt Ula?" fragte Heike nach. „Bist du ein Mädchen oder ein Junge?"

„Ich . . . Mädchen." Ula hob den Kopf und sah sich um. „Wo . . . bin . . . ich?"

„Du brauchst keine Angst vor uns zu haben", begann der Professor, worauf sich Ulas Blick fest auf ihn heftete. „Wir bringen dich morgen wieder nach Hause. Sei solange unser Gast. Wir tun dir wirklich nichts."

Die Augen des Neandertalkindes verdunkelten sich. „Ihr . . . andere. Warum . . ." Ula befühlte Heikes Jeans und zog dann eilig die Hand zurück, als hätte sie schon zuviel gewagt. „Du woher? Wo deine Höhle?"

„Tja . . . äh . . . Wir leben nicht in Höhlen", antwortete Heike. „Sondern hier. Wir leben in einem Haus."

Ulas Stirn krauste sich, als habe sie Mühe, den Sinn der Antwort zu erfassen.

„Hier essen wir und schlafen", ergänzte Michael. Ihm fiel etwas ein. Er wandte sich an den Erfinder. „Wo soll es . . . äh . . . Ula schlafen? Sie muß doch wenigstens diese Nacht bei uns bleiben."

„Wir haben ja unsere Zimmer noch gar nicht gesehen",

erinnerte sich Heike. Sie hatte keine Ahnung, wie Frau Schneider die Gästezimmer aufgeteilt hatte, denn vorhin war zur Besichtigung des Hauses keine Zeit geblieben. „Ula könnte vielleicht in meinem Zimmer schlafen."

Es kostete sie einige Überwindung, dieses Angebot zu machen, denn obwohl sie sich jetzt mit Ula verständigen konnten, haftete etwas Wildes, Unnahbares an dem Neandertalkind. Ula beobachtete sie scheu aus ihren braunen Augen. Die wulstigen Brauen gaben ihrem Gesichtsausdruck etwas Düsteres. Die Kinder konnten nicht erraten, was in Ula gerade vorging. Gewann das Neandertalkind allmählich Vertrauen zu ihnen?

„Komm mit", sagte Heike und streckte spontan ihre Hand aus. „Wir schauen uns an, wo du heute nacht schlafen wirst."

Doch Ula ergriff die ausgestreckte Hand nicht, sondern wich vielmehr davor zurück und schlug schützend die Arme um sich.

„Es ist noch zu früh", meinte der Professor. „Wir müssen uns Zeit lassen. Wenn wir zu voreilig sind, können wir eine Menge verderben."

Heike ließ die Hand sinken. Sie war enttäuscht, versuchte aber, sich nichts anmerken zu lassen.

„Hast du noch Hunger?" fragte der Erfinder das Neandertalkind. Es gab keine Antwort, sondern starrte nur finster vor sich hin. Heike schob Ula ihre Portion Pudding zu. Sie hatte kaum davon gegessen. Ula schaute sie fragend an.

„Für dich", sagte Heike freundlich.

Ula lächelte. So fremdartig und häßlich das Kind aussah, das Lächeln machte es für einen Moment hübsch. Es schien die Schranken, die zwischen ihnen bestanden, wegzuwischen. Doch nach einer Sekunde war alles vorbei, Ula beugte sich über die Schale und schlürfte den Inhalt in sich hinein.

In diesem Augenblick hörten die Kinder, wie die Haustür aufgeschlossen wurde.

„Auweia", machte Michael. „Frau Schneider kommt zurück. Was nun?"

„Hallo, ihr Lieben", ertönte da schon Frau Schneiders Stimme auf dem Flur. „Fein, daß ihr da seid. Ich habe Grillwürstchen mitgebracht, weil ich dachte, wir könnten heute abend vielleicht im Garten –" Fröhlich trat sie ins Eßzimmer und erstarrte. Ula hob den Kopf. Ihr Gesicht war puddingvcrschmicrt.

„Wie . . . was . . .?" stotterte Frau Schneider. „Wer ist denn das?" Es war offensichtlich, daß sie eine Erklärung erwartete.

Die Kinder schwiegen. Professor Ambrosius wechselte die Farbe und sagte mit rosig überhauchten Wagen: „Äh . . . ach ja: Darf ich vorstellen? Das ist Ula, unser Gast aus der Steinzeit."

Frau Schneider sah von Ula zum Professor und dann wieder zurück. In ihrem Blick lag ein eigenartiger Ausdruck.

Michael reagierte geistesgegenwärtig.

„Sie drehen nämlich gerade einen Film über die Steinzeit. Ula spielt die Hauptrolle. Leider versteht sie sehr schlecht Deutsch. Aber der Maskenbildner hat tolle Arbeit geleistet, finden Sie nicht?"

Heike hielt den Atem an.

Frau Schneider schluckte. „Ein Film?"

„Film", echote Ula. „Du Film?"

„Sie möchte wissen, ob Sie sich den Film später im Kino ansehen werden", sagte Michael schnell.

„Ja, aber –" Frau Schneider war noch immer voller Skepsis.

„Momentan ist Drehpause, weil sie auf Regenwetter warten", spann Michael seine Geschichte weiter. „Und im Hotel war's so voll, da hat Ula keinen Platz mehr bekommen. Wir dachten, sie könnte hier schlafen. Heike spinnt nämlich schon seit einiger Zeit, sie will zum Film. Jetzt hat sie die Chance, mit jemandem zu reden, der sich in der Branche auskennt."

„Ich hoffe, Sie haben nichts dagegen, daß wir Ula einfach mitgebracht haben", fügte Professor Ambrosius hinzu.

„Nein, natürlich nicht", erwiderte Frau Schneider. „Es ist ja

Ihr Haus. Aber was ist denn das, was hier so riecht?" Sie schnüffelte laut. „Herrje, was stinkt denn da so bestialisch?"

„Das Fell", erklärte Thomas. „Es soll nämlich ein sehr wirklichkeitsgetreuer Film werden."

Frau Schneider war hin- und hergerissen. Eine eigenartige Geschichte, kaum zu glauben! Andererseits – bei Filmleuten wußte man nie! Von denen standen genug Merkwürdigkeiten in den Zeitungen, und manche Darsteller fanden es toll, auch außerhalb der Drehzeiten ihre Rolle weiterzuspielen. Obwohl das stinkende Fell eine Zumutung war, puh! Schon zuckte Frau Schneiders Hand zur Nase, doch im letzten Moment besann sich die Haushälterin, daß das Nasenzuhalten vielleicht doch nicht besonders höflich wäre – angesichts eines so berühmten Gastes. Sie beherrschte sich also und sagte freundlich:

„Viel Luxus können wir freilich nicht bieten. Unser Haus ist sehr bescheiden. Ich hätte Vorbereitungen getroffen, wenn ich früher Bescheid gewußt hätte. So habe ich für heute abend leider nur Grillwürstchen eingekauft."

„Geben Sie sich keine Mühe", erwiderte der Professor. „Ula versteht nicht sehr viel von dem, was Sie sagen."

„Aber welche Sprache spricht Ula denn?" fragte Frau Schneider, und in ihren Augen flackerte neues Mißtrauen auf.

„Rätoromanisch", sagte Michael schnell.

„Räto . . . äh . . . hm . . . ja . . . ich glaube, ich bring' mal lieber die Einkäufe in die Küche." Frau Schneider griff nach ihrer Tasche und verschwand.

Michael stieß die Luft aus. „Das war knapp."

„Die glaubt bestimmt kein Wort von dem, was wir ihr erzählt haben", sagte Heike mit fester Überzeugung.

„Und wenn schon. Die Wahrheit können wir ihr ja erst recht nicht sagen", murmelte der Erfinder. „Wenn sie erfährt, daß ich eine Zeitmaschine habe, dann will sie bestimmt mitkommen, nur um herauszufinden, was die alten Römer früher gekocht haben."

Michael und Thomas grinsten. Das konnten sie sich bei Frau Schneider gut vorstellen.

„Bitte denkt daran: Das Projekt ist vorläufig streng geheim“, erinnerte sie der Erfinder. „Ich bin noch in der Versuchs- und Testphase. Zu diesem Zweck habe ich euch ja eingeladen.“

Heike war todmüde, trotzdem konnte sie nicht schlafen. Es war sehr schwül im Zimmer, doch sie wagte nicht, aufzustehen und das Fenster zu öffnen – aus Angst, Ula dabei zu wecken.

Aus der anderen Zimmerecke ertönten Atemgeräusche. Sie waren ein wenig hastig und unregelmäßig, aber Heike war überzeugt, daß Ula schlief. Heike seufzte, boxte ihr Kopfkissen in Form und drehte sich auf die andere Seite. Ihrem Gefühl nach mußte es auf Mitternacht zugehen. Sobald sie die Augen schloß, sah sie lauter Bilder vor sich.

Ula in der Badewanne – es hatte fast einen Kampf gekostet. Das Neandertalkind schien sich weniger vor dem Wasser als vielmehr vor dem Schaum zu fürchten. Nach dem Bad duftete Ula angenehmer, durchaus erträglich für jemanden, der das Zimmer mit ihr teilen mußte. Ehe es die Kinder verhindern konnten, hatte sich Frau Schneider das Fell geschnappt und es in einen Bottich mit Seifenlauge gesteckt, denn der „schmutzige Fußabstreifer“ war ihrer Meinung nach eine Schande für die Filmgesellschaft. Heike lieh Ula Unterwäsche und ein Nachthemd. Die Kleidungsstücke waren zwar viel zu groß, aber ein paar Sicherheitsnadeln lösten das Problem. Frau Schneider wunderte sich, wie behaart Ula an den Armen und Beinen war.

„Wahrscheinlich hat sie deswegen die Rolle bekommen“, meinte Heike, obwohl ihr das Lügen schwerfiel.

Frau Schneider war jedoch der Ansicht, Ula sollte besser einmal mit ihrer Mutter zum Arzt gehen. „So viele Haare überall – das ist doch nicht normal!“

Trotzdem war sie ein wenig später mit einem Zettel und einem Kugelschreiber ins Zimmer gekommen, um ein Autogramm von Ula zu erbitten.

„Ich weiß nicht, ob sie schon schreiben kann“, hatte Heike

eingewandt. „Sie ist doch höchstens . . . hm . . . schwierig zu sagen . . .“ Ula war klein, aber kräftig. Heike schätzte sie auf sechs, bestenfalls sieben Jahre.

Frau Schneider hatte schockiert zusehen müssen, wie Ula den Kugelschreiber genommen, ihn in der Hand gedreht und dann in der Mitte auseinandergebissen hatte. Daraufhin hatte Frau Schneider sehr bleich das Zimmer verlassen.

Das Abendessen mit den Grillwürstchen war schlichtweg eine Katastrophe gewesen. Im Grunde war Heike froh, daß sie Ula am nächsten Tag zurückschicken würden, bevor das Neandertalkind sie in noch mehr Schwierigkeiten brachte und Frau Schneider einen Nervenzusammenbruch bescherte.

Das gewaschene Fell baumelte draußen im Nachtwind. Wenn man angestrengt lauschte, konnte man die Wäscheleine knarren hören. Heike atmete tief. Warum fand sie nur keinen Schlaf? Klar, es war ein bißchen viel los gewesen an diesem Tag. Heike drehte sich auf den Bauch, ihre bevorzugte Schlaflage. Doch etwas störte. Ach ja, die Kapsel mit den Sprachpillen, die an einer Schnur um ihren Hals hing. Der Professor hatte sie ihr vor dem Schlafengehen anvertraut.

„Trag sie immer bei dir. Ich weiß nicht, wie lange die Wirkung bei Ula anhält. Wenn du merkst, daß sie dich nicht mehr versteht, gibst du ihr wieder eine Sprachpille, ja?“

Doch Ula schlief. Heike drehte die Kapsel so, daß sie nicht mehr drückte, und bettete ihr Gesicht aufs Kissen. Jetzt war es bequem. Sie fühlte, wie der Schlaf allmählich kam . . .

Kurze Zeit später fuhr Heike plötzlich hoch. War da nicht ein Geräusch gewesen? Sie setzte sich auf und horchte. Doch sie hörte nichts außer dem eigenen Herzklopfen. Sonst wirklich nichts? Heike hielt die Luft an, um auf Ulas Atemzüge zu lauschen. Aber es blieb ganz still.

Eine Schrecksekunde lang schoß Heike die entsetzliche Vorstellung durch den Kopf, daß Ula tot sei. Hatte die Aufregung etwa einen Herzschlag ausgelöst? Oder hatte das ungewohnte Essen sie umgebracht? Oder war Ula unter der dünnen Decke erstickt?

„Ula?“ fragte Heike mit trockenem Mund. Ihre Kehle wurde eng. „Ula? Hörst du mich? Bist du wach?“

Es kam keine Antwort. Heike hielt es nicht länger aus und sprang aus dem Bett. Sie mußte Gewißheit haben. Ihre Knie zitterten. Sie tastete sich in der Dunkelheit zur Tür und fand nach endlosem Herumsuchen den Lichtschalter.

Es wurde hell. Heike erstarrte. Das Gästebett war leer. Die Decke war zusammengeknüllt, ebenso das Nachthemd. Von Ula keine Spur. Sie war weg.

„Fort“, hauchte Heike. „Abgehauen.“

Das Zimmer bot keine Schlupfwinkel, wo sich Ula hätte verstecken können, das erfaßte Heike mit einem Blick. Ula hatte den Raum verlassen, während Heike schlief. War das Neandertalkind noch im Haus?

Heike schlüpfte in Jeans und Sweatshirt. Sie stellte einen Geschwindigkeitsrekord im Anziehen auf, aber sie verschwendete keinen Gedanken an solche Nebensächlichkeiten. In ihrem Kopf arbeitete es fieberhaft.

Vielleicht war Ula schon hinausgelaufen und draußen irgendwo in der Dunkelheit der Nacht verschwunden. Sie mußten das Neandertalkind unbedingt wiederfinden. Wenn andere es entdeckten und herausbekamen, woher Ula stammte . . . Nicht auszudenken, welche Folgen das für Onkel Ambrosius haben würde!

Heikes Herz klopfte bis zum Hals. Sie stolperte aus dem Zimmer. Sie mußte den anderen Bescheid geben. Halt, nein, nicht allen, sonst ging zuviel Zeit verloren! Ohne lange zu überlegen, pochte sie an Thomas’ Zimmertür und stürmte hinein.

„He, Thomas, wach auf!“

Der Junge fuhr hoch. Das Fenster stand offen, und weil der Mond hereinschien, konnte Heike Thomas’ zerzausten Lockenkopf erkennen.

„Was is’n los? Wer – ach, du bist’s, Heike.“ Seine Stimme klang schlaftrunken.

„Ula ist weg“, stieß Heike hervor. „Weit kann sie noch nicht sein. Wir müssen sie suchen.“

Thomas sprang sofort aus dem Bett, fuhr in seine Kleider, griff nach einer Taschenlampe und folgte Heike, die im Flur auf ihn wartete.

„Los, beeil dich!"

Thomas pfiff automatisch nach Moorteufel, doch der Hund tauchte nicht auf. „Ach so, total vergessen, er schläft ja beim Professor im Zimmer. Weiß der Kuckuck, warum. Und so was nennt sich Freund. Bricht mir die Treue bei erster Gelegenheit."

Thomas' Worte waren nicht ganz ernst gemeint, aber Heike war jetzt nicht zu Scherzen aufgelegt.

„Wo könnten sie hingelaufen sein?"

„Wir müssen zuerst im Haus nachschauen."

Doch in den Räumen im Erdgeschoß war Ula nicht; nicht einmal in der Küche, wie Heike gehofft hatte.

„Vielleicht hat sie sich auf dem Dachboden versteckt?" Doch schon im nächsten Moment verwarf das Mädchen den Gedanken. Auf den Dachboden gelangte man nur über eine Bodenschiebetreppe, und mit diesem komplizierten Mechanismus wäre Ula wohl schwerlich zurechtgekommen. Also war das Neandertalkind ins Freie gelaufen.

Die Haustür war nicht abgesperrt. Sie knarrte, als die Kinder sie öffneten, und Heike erinnerte sich an das Geräusch, das sie im Schlaf gehört hatte. Das mußte es gewesen sein! Wieviel Zeit war seither vergangen? Allerhöchstens zehn Minuten, schätzte Heike. Wenn sie gleich reagiert hätte, hätte sie Ula im Garten abfangen können. Sie schalt sich insgeheim wegen ihrer langen Leitung, aber Vorwürfe brachten jetzt auch nichts.

Der Lichtkegel der Taschenlampe glitt über den Vorgarten. Nichts Außergewöhnliches. Der unzeitgemäß blühende Flieder duftete sogar im Dunkeln.

„Wir müssen hinter dem Haus nachschauen", sagte Thomas.

Die flüchtige Durchforschung des großen Gartens verlief ebenfalls negativ. Heike hatte das Gefühl, daß ihr irgend

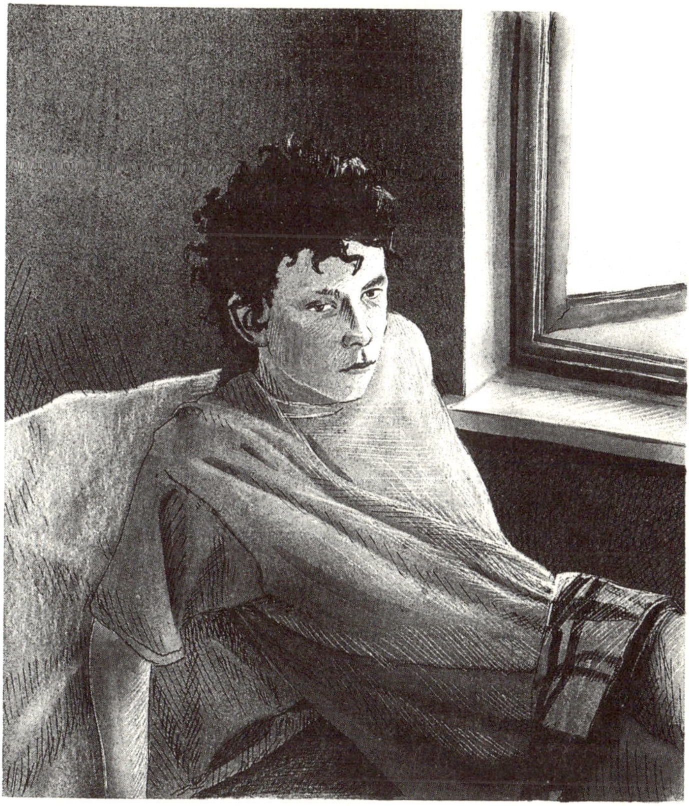

etwas hätte auffallen sollen, doch sie kam nicht darauf, was es war.

„Und jetzt?“ fragte Thomas ratlos. „Wo sollen wir weitersuchen?“

„Was würdest du tun, wenn du ein Neandertaler wärst?“

Thomas überlegte. „Hm . . . schwer zu sagen. Ich glaube, ich würde zur Höhle zurücklaufen.“

Heike nickte. Genau das war auch ihr Gedanke. Sie erinnerte sich daran, wie schwierig es am Nachmittag gewesen war, Ula zum Verlassen der Tropfsteinhöhle zu bewegen. Das

Neandertalkind hatte sich mit Händen und Füßen dagegen gewehrt, so als sei die Höhle der einzige Zufluchtsort; ein Platz, wo Ula sich heimisch fühlte.

„Ganz bestimmt ist sie zurückgelaufen“, sagte Heike überzeugt. „Aber ob sie die Höhle findet?“ Es war dunkel, und Ula kannte sich nicht aus. Angst und Unruhe konnten sie auf Irrwege locken. Und was, wenn sie vor ein Auto geriet? Sie ahnte ja nicht die Gefahr, die davon ausging!

Heikes Herz wurde schwer.

„Los, komm“, rief Thomas. „Wir suchen den Weg zur Höhle ab.“

Sie rannten durch den Garten auf die Straße. Beim Laufen fiel Heike wieder ein, was anders gewesen war: Das Fell hatte nicht mehr auf der Wäscheleine gehangen! Ula mußte es heruntergenommen haben, ohne sich daran zu stören, daß es noch feucht war. Es war ein Zeichen, wie ernst Ula es mit ihrer Flucht meinte. Also hatten alle Versuche, ihr Vertrauen zu gewinnen, nichts genützt!

Es war eine helle Mondnacht, und selbst als die Straße endete und die Straßenlampen aufhörten, sahen die Kinder noch genug. Thomas war ein hervorragender Läufer, und auch Heike war gut in Sport. Ein schneller Spurt lag ihr jedoch mehr als ein Dauerlauf, und nach einigen hundert Metern keuchte sie: „Ich habe Seitenstechen. Tut mir leid. Wahrscheinlich habe ich in der Aufregung falsch geatmet.“

Thomas verlangsamte sofort sein Tempo.

„Du brauchst keine Rücksicht auf mich zu nehmen“, wehrte Heike ab. „Du bist sowieso schneller. Renn voraus und schau, ob du sie irgendwo findest.“

„Nein, das hat auch keinen Sinn“, widersprach Thomas. „Wir bleiben zusammen, das ist sicherer. Ula kann sich genausogut links oder rechts im Feld versteckt haben. Vielleicht lacht sie sich ins Fäustchen, wenn wir an ihr vorbeirennen.“

„Ich war völlig überzeugt, daß Ula nicht mehr davonläuft. sonst hätte ich die Zimmertür bestimmt abgesperrt.“

„Du bist nicht schuld, bilde dir das bloß nicht ein“, beruhigte Thomas Heike. „Wenn schon, dann hätten wir alle besser aufpassen müssen.“

Sie waren inzwischen an der Stelle angelangt, wo der Weg sich teilte und sie nach links abbiegen mußten. Etwas raschelte im Schatten der Apfelbäume. Heike zuckte zusammen, aber es war nur ein Wildkaninchen, das davonstob.

Als sie den Steinbruch erreichten, schob sich eine Wolke vor den Mond. Trotzdem bemerkte Thomas eine Bewegung hinter der Fichte.

„Ula!“ Er sprang los, doch sein Fuß verfing sich im Gestrüpp, und er stürzte.

„Verdammt!“

„Hast du dir weh getan?“ Heike zog Thomas auf.

„Danke. Es geht. Zum Glück bin ich nicht auf einen Stein gefallen.“

Als Thomas mit der Taschenlampe hinter die Fichte leuchtete, war Ula nicht mehr zu sehen. Nur die dunkle Nische war da, das geheimnisvolle Loch im Fels.

Thomas und Heike wechselten einen Blick, dann kniete sich das Mädchen vor die Öffnung und sagte stockend:

„Hör zu, Ula: Wir wissen, daß du da drin bist. Komm raus, es ist zu gefährlich für dich in der Höhle. Wir bringen dich so bald wie möglich zu deinen Leuten zurück, Ehrenwort.“

Natürlich kam keine Antwort. Heike und Thomas hatten auch gar nicht damit gerechnet. Wer weiß, ob die Sprachpille überhaupt noch wirkte!

„Wir müssen in die Höhle rein“, sagte Thomas. „Ula könnte irgendwo abstürzen, wenn sie einen Seitengang nimmt. Wir müssen sie finden und vernünftig mit ihr reden. Notfalls paßt einer von uns ein paar Stunden auf sie auf, während der andere dem Professor Bescheid gibt.“

Heike nickte. Ihr Herz klopfte heftig, als sie in das Loch kletterte. Die Öffnung kam ihr jetzt in der Dunkelheit viel enger vor als am Nachmittag. Aber vielleicht war das ein Zeichen, daß sie Angst hatte.

Thomas' Taschenlampe erleuchtete den Gang. Der Lichtstrahl traf nur das nackte Gestein.

„Ich hab' mich bestimmt nicht getäuscht", flüsterte Thomas. „Sie war beim Eingang, darauf kannst du Gift nehmen."

Sie gingen weiter. Einmal ließ Thomas den Lampenschein über die Decke gleiten.

„Wie ich's mir gedacht habe: Es ist keine Fledermaus mehr da. Alle Tierchen ausgeflogen."

„Ich fürchte mich nicht vor Fledermäusen, das solltest du wissen", erklärte Heike mit fester Stimme.

Thomas grinste sie an. „Ich wollte dir auch keine Angst machen."

„Angst hab' ich schon, aber wegen Ula", erwiderte Heike.

Im selben Moment ertönte weiter vorne im Gang ein akustisches Warnsignal, und die Kinder hörten, wie eine Männerstimme befahl:

„Halt! Stehenbleiben! Keinen Schritt weiter! Es besteht Einsturzgefahr. Verlassen Sie im eigenen Interesse sofort diese Höhle!"

Ein Zittern überlief Heike.

„War das nicht Archie?" Sie sah Thomas fragend an. „Was soll das?"

Auch Thomas konnte sich Archies Reaktion nicht erklären, bis ihm einfiel, daß der Professor am Nachmittag von einem Sicherheitssystem gesprochen hatte.

„Wahrscheinlich ist das alles nur Bluff, um Neugierige abzuhalten. Aber jemand muß das Signal ausgelöst haben, und ich glaube nicht, daß wir es waren, sondern –"

„Ula", antwortete Heike.

Sie stürmten los, bogen um die nächste Ecke und sahen in der Ferne eine kleine, bepelzte Gestalt davonlaufen.

„Dort ist sie!" schrie Heike.

„Halt!" dröhnte es über ihnen. Rote Warnlampen blinkten, und irgendwo leuchtete ein gelbes Schild „Einsturzgefahr!" auf, doch die Kinder kümmerten sich nicht daran.

„Sie rennt wie der Teufel“, keuchte Thomas. „Ich wette, sie ist so schnell wie ich. Dabei hat sie viel kürzere Beine.“

Sie verloren Ula aus den Augen. Beim „Dom“ mußten sich die Kinder verschnaufen, sie konnten nicht mehr. Außerdem war es gefährlich, auf dem glitschigen Boden so schnell zu rennen. Einige Male waren sie ausgerutscht, und Heike hatte sich sogar die Hand aufgeschürft.

„Wir kriegen Ula nie“, japste Heike. „Hast du eine Ahnung, wohin sie gerannt ist?“

„Wenn sie in einem der dunklen Gänge ist, na dann Mahlzeit“, murmelte Thomas. „Wir können nur hoffen, daß sie zur großen Halle gelaufen ist.“

Sobald sie wieder Atem geschöpft hatten, eilten sie weiter. Heike war dankbar für die Seile, die Professor Ambrosius an der Seite angebracht hatte.

An den versinterten Bärenknochen vorbei und die Stufen abwärts – Heike hatte das Gefühl, durch eine Traumwelt zu gleiten und alles gar nicht richtig zu erleben. Die flimmernde Beleuchtung tat das Ihre. Archie spielte offenbar verrückt. Vielleicht gehörte das Geflacker aber auch zu dem ausgetüftelten Abschreckungssystem.

„Kipp' mir bloß nicht um“, meinte Thomas besorgt, als er sich einmal nach Heike umdrehte.

„Ich hab' nicht die Absicht“, gab Heike zurück, verärgert, daß er sie für einen Schwächling hielt.

Jetzt erblickten sie die Halle. Und sie sahen auch, wie Ula auf Archie zulief.

„Warnung“, verkündete die Computerstimme. „Sie geraten in einen gefährlichen Bereich!“

„Bleib stehen!“ brüllte Thomas mit ganzer Kraft.

Das Neandertalkind erstarrte.

„Jetzt hat sie's endlich kapiert“, stieß Heike erleichtert aus.

Doch Ulas Gesicht wandte sich der Hallendecke zu. Ihre Miene war ganz gespannt, so als würde sie dort oben etwas Seltsames erspähen. Sie schien alles andere um sich herum zu vergessen.

Thomas und Heike hatten Zeit, den Vorsprung aufzuholen. Sie waren nur noch wenige Meter von Ula entfernt, als Heike das Geräusch auch hörte. Es war nicht das Blut, das in ihren Ohren rauschte. Das Brausen kam von oben.

Die Zeitschleuse!

„Warnung!“ wiederholte Archie. „Sie befinden sich in einem gefährlichen Bereich!“

„Die Schleuse ist noch an!“ schrie Thomas. Ein schrecklicher Gedanke durchzuckte ihn. „Der Professor hat sie nicht abgeschaltet, und wir sind –“

Weiter kam er nicht. Ein Energiestoß erfaßte ihn. Er hatte den Eindruck, wie ein welkes Blatt in die Höhe gewirbelt zu werden. Die Luft flimmerte. Irgendwo neben ihm war Heike. Er streckte die Arme aus und fühlte, wie das Mädchen seine Handgelenke packte. Dann verlor er das Bewußtsein.

In der Steinzeit gefangen

„Laß mich“, stöhnte Heike. Sie schüttelte die Hand ab, die an ihrem Arm rüttelte und drehte sich auf die andere Seite. Sie träumte gerade einen interessanten Traum und hatte keine Lust, daraus zu erwachen: Frei wie ein Vogel schwebte sie über der Landschaft, sah unter sich verschneite Berge und Bäume, dazwischen setzten spielzeugkleine Menschen einem großen Tier nach: einem Elefanten? Nein, das Tier hatte viel längere Stoßzähne und war am ganzen Körper mit Zotteln bedeckt. Es war ein Mammut . . .

„Wach auf, Heike“, sagte eine Stimme dicht neben ihrem Ohr. „Bist du heil? Mensch, sag' doch was! Heike!“

Heike gewann den Eindruck, daß etwas Schlimmes passiert sein mußte. Sie entschied sich, die Augen zu öffnen und blickte mitten in Thomas' Gesicht. In seiner Miene stand Besorgnis.

„Seit mindestens einer halben Stunde versuche ich, dich wachzukriegen.“

„Wie spät ist es denn?“ fragte Heike und wandte sich nach rechts, wo zu Hause normalerweise ihr Wecker auf dem Nachttisch stand. Noch während sie sich umdrehte, wurde ihr bewußt, wie merkwürdig es war, von Thomas geweckt zu werden anstatt von ihrer Mutter, und außerdem waren doch Ferien . . .

Der Wecker war nicht da, statt dessen erblickte Heike einen öden Abhang mit Steinen und Geröll, auf dem niedrige Sträucher wuchsen. Heike wollte hochschnellen, aber Thomas drückte sie sanft auf den Boden zurück.

„Ganz langsam, sonst macht der Kreislauf nicht mit.“

„Ich bin doch nicht krank“, widersprach Heike und setzte sich entschlossen auf. Es drehte sie tatsächlich ein bißchen, aber viel schlimmer fand sie es, daß sie sich nicht erklären konnte, was sie hier auf dem Hang zu suchen hatte. Sie konnte sich auch nicht erinnern, wie sie dorthin gekommen war. War sie nicht zuletzt in einer Höhle gewesen? Plötzlich wurde ihr alles klar.

„Die Zeitschleuse . . .“ Heike ächzte.

„Ich grüble schon die ganze Zeit darüber nach, wie es passieren konnte“, sagte Thomas. „Das Ding war noch eingeschaltet, und offenbar war inzwischen auch wieder Energie da . . . wenigstens genug, um Ula und uns in die Steinzeit zu versetzen.“

Heike mußte erst einmal schlucken. So schnell ließ sich die Neuigkeit nicht verdauen. „Und was nun?“

Thomas zuckte ratlos mit den Schultern. „Keine Ahnung.“ Nach einer Pause fügte er hinzu: „Ich weiß nur eines.“

Heike sah ihn erwartungsvoll an.

„Archie ist ein Idiot.“

Heike seufzte. Zu Späßen war sie jetzt nicht aufgelegt. „Und wie kommen wir ins zwanzigste Jahrhundert zurück?“ fragte sie. „Glaubst du, daß uns Onkel Ambrosius zurückholt?“

„Das ist die einzige Möglichkeit“, antwortete Thomas. „Wenn er entdeckt, daß wir mit Ula verschwunden sind, geht er bestimmt zur Höhle. Hoffentlich merkt er, daß die Zeitschleuse noch eingeschaltet war. Tja . . . mehr als warten können wir nicht.“

Heike stand auf und klopfte sich den Schmutz von der Hose. „Wenn ich etwas hasse, dann nutzlos herumzusitzen.“ Sie beschirmte ihre Augen. „Die Gegend habe ich nie zuvor gesehen.“ Sie fröstelte plötzlich. „Mir ist kalt.“

„Mir auch“, bestätigte Thomas und stand ebenfalls auf. „Am besten schauen wir uns ein bißchen um. Vielleicht kriegen wir dann heraus, wo wir gelandet sind.“

Nach ein paar Schritten stieß Heike mit dem Fuß gegen etwas Hartes. Sie bückte sich und hob Thomas' Taschenlampe auf.

„Ich hab' die Lampe schon vermißt.“ Thomas testete, ob sie noch funktionierte. „Prima, sie geht noch.“ Er steckte sie ein.

Auf dem Hang wuchsen Grasbüschel und niedrige Sträucher. Eine struppige Maus floh in ihr Loch, als die Kinder näherkamen.

„Wie spät ist es wohl?“ fragte Heike. Ihre Uhr war nutzlos. Sie blickte zum Himmel, um sich am Strand der Sonne zu orientieren. Sie einigte sich mit Thomas darauf, daß es vermutlich früher Nachmittag war.

„Und so kalt“, sagte Heike. Die Sonne schien, trotzdem war die Luft so kühl wie im Hochgebirge. Die Sicht war sehr klar. Ferne Dinge wirkten viel näher, als sie in Wirklichkeit waren.

„Falls ich mich nicht irre, sind wir in der Eiszeit gelandet“, murmelte Thomas.

Heike starrte ihn erschrocken an. Durch ihren Kopf schossen lauter Stichworte, die sie einmal im Unterricht gehört hatte: Eiszeit . . . Würm . . . Vergletscherung . . . Glaziale . . . Interglaziale . . .

Sie schluckte. „Bist du sicher?“

Eiszeit – klirrende Kälte, kein Dach über dem Kopf, keine Heizung . . . Sie schaute auf ihre Jeans und ihre Sandalen, und Panik stieg in ihr hoch. „Hoffentlich holt uns Onkel Ambrosius bald hier weg!“

„Ob er das schafft, weiß kein Mensch.“

Sie schwiegen. Heike verdrängte gewaltsam die Schreckensvorstellungen, die in ihr aufstiegen.

„Keine Angst, ich dreh' nicht durch. Zuerst brauchen wir einen Unterschlupf. Wer weiß, wie lange wir hierbleiben müssen." Automatisch tastete sie nach der Kapsel mit den Sprachpillen, die um ihren Hals hing. „Wenigstens können wir uns verständigen, wenn wir auf andere Menschen stoßen."

„Etwa auf Neandertaler?" fragte Thomas mit hochgezogenen Augenbrauen.

„Kann ich etwas dafür, daß wir hier gelandet sind?" gab Heike schnippisch zurück. „Ich hab's mir bestimmt nicht ausgesucht. Los, komm jetzt."

Thomas zögerte. „Wir sollten eine Nachricht für den Professor hinterlassen, wohin wir gegangen sind."

Weil sie keinen Zettel eingesteckt hatten, kratzte Heike mit einem Stecken in die Erde:

„Wir waren hier."
H. & T.

Sie vervollständigte das Ganze mit einem Pfeil, der andeutete, welche Richtung sie einschlagen würden. Thomas betrachtete kritisch das Werk.

„Besonders gut kann man es nicht lesen. Und der nächste Regen löscht die Buchstaben bestimmt aus." Er rahmte die Schrift mit einigen Steinen ein. „Mehr können wir nicht tun. Der Professor ist imstande und rennt zwei Meter weiter daran vorbei, ohne etwas zu merken."

„Du hast eine Art, einem Mut zu machen", bemerkte Heike. Thomas legte ihr die Hand auf die Schulter. Sie wandten sich nach links, dort war der Hang flacher.

Weiter unten im Tal schlängelte sich ein schmaler Fluß. Das Ufer war aufgeweicht und zertreten. Die Kinder untersuchten sorgfältig die Spuren.

„Die Abdrücke stammen nicht von Menschen, sondern von Tieren", meinte Thomas. „Aber frag mich nicht von welchen."

Heike fröstelte – nicht nur wegen der kühlen Luft, sondern

weil sie den Abdruck einer großen Pranke entdeckt hatte. Sie mußten auf der Hut sein. Schaudernd erinnerte sich Heike an das Bärenskelett in der Höhle. Höhlenbären seien ausgestorben, hatte Onkel Ambrosius behauptet. Aber galt das auch für die Steinzeit?

Ihr wurde bewußt, daß sie sich völlig umstellen mußten. Es war kein harmloser Spaziergang. Selbst das bloße Herumstreifen konnte gefährlich sein. Sie hatten keine Ahnung, welche Tiere hier lebten und sich versteckt hielten. Möglicherweise genügte schon der Anblick oder der Geruch eines Menschen, um die Tiere zum Angriff zu reizen.

„Du bist so bleich, als würdest du gleich umfallen“, stellte Thomas fest.

„Das sind nur die Grillwürstchen von gestern abend“, log Heike. „Laß uns vom Fluß weggehen, ich habe ein ungutes Gefühl. Die Stelle hier ist so ungeschützt.“

Ihr Blick glitt hoch zu den Hügeln. Die Landschaft lag friedlich im Sonnenlicht da – ein ruhiger, etwas kühlerer Sommertag, wie es schien. Doch der Eindruck trog. Waren im Felsen Augen verborgen, die sie beobachteten? Wartete jemand darauf, die beiden wehrlosen Wesen zu überfallen? Heike zwang sich, ruhig zu atmen. Wirklich, es fehlte nicht viel, und sie würde anfangen, an Verfolgungswahn zu leiden.

Thomas schlug vor, die Böschung zu erklimmen und bis zur nächsten Flußbiegung zu laufen, um die Gegend zu erkunden. Heike war einverstanden. Mit offenen Augen und Ohren kletterten die Kinder das Ufer hinauf. Heike bemerkte ärgerlich, daß Schlamm in ihre Sandalen eingedrungen war und ihre Socken durchnäßt hatte. Das trug nicht gerade dazu bei, ihre Stimmung zu heben.

Sie hielten Ausschau nach einer menschlichen Siedlung und überhaupt nach Spuren, die darauf schließen ließen, daß Menschen in der Gegend lebten. Doch sie entdeckten nichts.

„Wir scheinen in eine tote Ecke geraten zu sein.“ Thomas bemühte sich um einen scherzhaften Tonfall, doch Heike ging nicht darauf ein.

„Vielleicht finden wir wenigstens einen Felsunterschlupf für die Nacht. Wer weiß, wann es dunkel wird."

„Wird mir schwerfallen, heute ohne Fernsehprogramm einzuschlafen", sagte Thomas.

„Und ohne Abendessen", gab Heike zurück. „Außer du jagst vorher ein Kaninchen. Falls es so etwas wie Kaninchen überhaupt gibt."

„O Mann", seufzte Thomas und folgte Heike, die hügelan stieg. Sie strebte auf eine Stelle zu, wo größere Sträucher und ein paar vereinzelte Birken wuchsen. Thomas überlegte, ob sie sich nicht eine Hütte bauen konnten, aber ohne Werkzeug? Er hatte nicht einmal ein Taschenmesser dabei! Das Messer steckte in seiner anderen Hose, die in Werthausen über einem Stuhl hing. Pech . . .

Heike blieb plötzlich aufgeregt stehen. Vor ihnen befand sich eine Senke. Etwa zwanzig Meter von den Kindern entfernt kniete eine Frau. Sie drehte den Kindern den Rücken zu und war damit beschäftigt, eine Wurzel auszugraben. Neben ihr auf dem Boden lag ein Säugling, der in ein Fell gewickelt war.

Heike und Thomas wechselten einen stummen Blick. Sollten sie sich der Neandertalfrau nähern? Oder würde sie vor ihnen davonlaufen, wie es Ula getan hatte?

Den Kindern war klar, daß sie nur eine einzige Möglichkeit hatten, in der Wildnis zu überleben: Sie mußten Kontakt zu anderen Menschen finden, selbst wenn sie so fremd und andersartig waren wie die Neandertaler.

Heike nickte Thomas zu, dann öffnete sie ihre Kapsel und nahm zwei Sprachpillen heraus, eine für sich und eine für Thomas. Der Geschmack war deutlich anders als bei den früheren Pillen; irgendwie süßlich, fand Heike. Sie wartete darauf, daß die gewohnte Übelkeit eintreten würde, aber nichts geschah.

„Vielleicht wirklich eine Verbesserung", murmelte Heike.

Die Frau grub noch immer. Es mußte eine sehr lange, tiefe Wurzel sein. Sie packte sie mit beiden Händen, um sie aus dem Erdreich zu ziehen. In diesem Augenblick trat Thomas auf einen dürren Zweig. Die Frau wirbelte herum, klemmte blitzartig einen Kieselstein in ihre Schleuder, und ehe Heike es begriff, traf das Geschoß Thomas mitten auf die Stirn. Heike schrie auf, als der Junge neben ihr zusammenbrach.

„Nein!" Sie glaubte, den Verstand zu verlieren. Thomas lag auf dem Boden, völlig reglos. Sie warf sich über ihn und drehte ihn herum. Die Arme waren ganz schlaff. War er tot?

‚Das darf nicht wahr sein!' dachte Heike. Auf Thomas' Stirn prangte eine häßliche Beule. Ein dünner Blutfaden sickerte über sein Gesicht. Tränenblind wischte Heike das Blut mit ihrem Taschentuch ab. Es war ihr in diesem Moment egal, ob sie sich selbst in Gefahr befand.

„Ist er . . . dein Gefährte?" fragte eine tiefe Stimme. Heike wandte sich um. Die Neandertalfrau stand hinter ihr.

„Warum hast du das getan?" stieß Heike voller Wut hervor. „Er ist ohnmächtig, vielleicht sogar tot!"

Jetzt erst wurde ihr bewußt, daß die Frau keine Schleuder mehr in der Hand hatte. Sie trug ihren Säugling auf dem Arm.

„Ich gedacht, Löwe", murmelte die Frau. „Ich Angst um Ono."

„Ono?" fragte Heike mit zugeschnürter Kehle. Der Säugling wimmerte leise.

„Das Ono", antwortete die Neandertalfrau. Sie schlug einen Fellzipfel zurück, und Heike erblickte ein kleines Gesichtchen mit großen, aufmerksamen Augen. Ono bewegte schmatzend die Lippen. Die Frau lächelte voller Mutterstolz, aber Heike war unfähig, das Lächeln zu erwidern. Sie war noch gelähmt von dem vorangegangenen Ereignis und wandte sich wieder Thomas zu. Als sie ihn so bleich daliegen sah, fühlte sie, wie ihr erneut die Tränen aufstiegen.

Die Neandertalfrau berührte Heike an der Schulter. Das Mädchen zuckte zusammen, als habe es einen elektrischen Schlag bekommen.

„Du keine Angst. Ich heilen deinen Gefährten." Die Frau band sich den Säugling geschickt auf den Rücken, um die

Arme frei zu haben. Dann kniete sie sich nieder und zog Thomas' Augenlider hoch.

„Großer Bär in ihm sieht noch“, murmelte sie. Sie beugte sich über ihn, den Kopf dicht an seinem Gesicht, und lauschte. „Großer Bär in ihm atmet noch. – Viel Ruhe. Ich kennen Kräuter. Er werden gesund, bald. Wird noch haben viele Söhne.“

Sie lächelte Heike wieder an. „Wie viele Winter du alt?“

„Vierzehn“, antwortete Heike stockend.

„Oh, dann du sicher schon Mutter und haben Kinder.“

Heike fühlte, wie ihr das Blut in den Kopf schoß. „Nein, äh . . . ich . . . wir . . .“

„Du kriegen keine Kinder?“ fragte die Neandertalfrau stirnrunzelnd. „Mußt gut sein zu großem Bären. Bringen ihm Opfer in Mondnacht. Dann du bald haben Sohn.“

Heike fand es an der Zeit, das Thema zu wechseln. „Wird Thomas wirklich wieder zu sich kommen?“

„Thom-As . . . Schöner Name!“ Die Neandertalfrau nickte. „Ich Ana. Ana machen Thom-As gesund. Ana bringen Thom-As Essen. Thom-As schlechter Jäger? So dünn! Du auch dünn! Lange Hunger?“

Da Heike schwieg, band Ana ihren Säugling wieder ab. „Du tragen Ono. Ich tragen Thom-As. Hier nicht können bleiben. Nachts Löwe. Ich zeigen Höhle.“

Sie drückte Heike ihr Kind in den Arm. Das Mädchen sah verblüfft zu, wie Ana Thomas fast mühelos aufhob und über die Schulter legte. Ohne sich um Thomas' Gewicht zu kümmern, kletterte Ana den Hügel hinauf. Heike folgte ihr, während sich Ono unruhig in ihren Armen bewegte. Sie war es nicht gewohnt, ein so kleines Kind zu halten – noch dazu eines, das in ein struppiges Fell gewickelt war und ein bißchen wie ein Äffchen aussah.

Es verging höchstens eine Viertelstunde, bis sie einen schützenden Felsvorsprung erreichten, doch Heike kam es viel länger vor. Sie hatte nur noch den Wunsch, den Säugling irgendwo abzulegen, so sehr schmerzten ihre Arme.

Die Neandertalfrau bettete Thomas behutsam auf die Erde. Er hatte das Bewußsein noch immer nicht erlangt.

Die Höhle war nur klein, ungefähr zehn Quadratmeter, aber zumindest bot sie Schutz vor Wind und Regen.

„Ich gehen“, kündigte Ana an. „Du bleiben bei Thom-As und Ono. Ich bald wieder da.“

Und sie verschwand, ehe Heike etwas sagen konnte. Das Mädchen sah sich um. Die Höhle führte nicht tiefer in den Felsen, sondern bestand nur aus einem einzigen Raum. Der Boden war festgestampft. Seitlich lagen ein altes Tierfell und ein paar Steine. Heike entdeckte auch die Reste einer Feuerstelle. Vielleicht benutzte Ana die Höhle öfter.

Thomas stöhnte. Heike legte vorsichtig Ono ab. Das Baby lutschte am Daumen, hatte die Augen geschlossen und war am Einschlafen. Heike kniete sich neben Thomas und strich ihm die Locken aus dem Gesicht. Die Stirn war blau verfärbt, und Heike biß sich auf die Lippen, um nicht loszuheulen.

„Thomas . . . hörst du mich? Thomas!“

Seine Augenlider zuckten. Heike beobachtete gespannt sein Gesicht. Würde Thomas endlich zu sich kommen?

Er stöhnte wieder, dann öffnete er die Augen. Sein Blick war klar, er schien Heike sofort zu erkennen.

„O Mann, ich hab' vielleicht 'nen Brummschädel!“ Er versuchte zu lächeln, doch es wurde nur ein schiefes Grinsen daraus. „Mein Kopf hat mindestens einen Meter Umfang. So fühlt er sich wenigstens an.“ Er tastete mit der Hand nach seiner Stirn, schrie leise auf und ließ weitere Untersuchungen bleiben. „Ich weiß nichts mehr. Was war los? Wir haben diese Frau gesehen und dann –“

„Dann hat dich ein Kieselstein getroffen“, erwiderte Heike.

„Ja, es war super, wie die Neandertalfrau mit der Schleuder umgehen konnte. Aber warum hat sie sich ausgerechnet mich als Ziel ausgesucht?“

„Weil sie dich für einen Löwen gehalten hat.“

„Einen Löwen? Gibt es hier Löwen?“ Thomas machte Anstalten, sich aufzusetzen, aber ihm wurde sofort übel.

„Bleib liegen und ruh dich aus“, sagte Heike sanft. „Wahrscheinlich hast du eine Gehirnerschütterung.“

„Auch das noch.“ Thomas seufzte. „Erst die Zeitschleuse, dann die Steinschleuder . . . Uns bleibt auch nichts erspart. Unter normalen Umständen lasse ich mich ja gerne mal von dir verwöhnen, aber so . . .“

Heike spürte, daß er ihre Verzweiflung teilte, wenn er es auch nicht zeigen wollte. Spontan ergriff sie seine Hand und drückte sie. Er gab den Druck zurück. In diesem Moment verdunkelte sich der Höhleneingang.

Ana war wieder da.

„Ah . . . Thom-As wach. Gut!“ Sie kam herein und trug ein Fellstück, worin sich etwas Rundes, Schweres befand. Ana kauerte sich neben Thomas auf den Boden.

„Augen zu!“ befahl sie und öffnete ihren Fellbeutel. Feuchte, rotbraune Erde quoll heraus. Ana nahm zwei Handvoll von der breiigen Masse, klatschte sie Thomas auf die Stirn und strich sie dort glatt wie Kuchenteig. Der Junge zuckte zusammen und stöhnte.

„Bald vorbei“, sagte Ana beruhigend. „Großer Bär werden Schmerzen vertreiben. Beim nächsten Mond du können wieder jagen.“

Da Thomas schwieg, befürchtete Heike, daß er erneut das Bewußtsein verloren habe. Doch dann sah sie, wie seine Hände sich bewegten. Er ballte sie zu Fäusten, so sehr kämpfte er gegen die Schmerzen an. Heike verspürte großes Mitleid.

Ana richtete sich auf. „Morgen früh du ihm geben neue Erde auf Stirn“, ordnete sie an. „Erde müssen sein feucht und kühl. Ich jetzt gehen. Gefährte wartet. Später ich kommen zurück und bringen Fleisch.“

Sie blickte Heike eindringlich an. Dann streckte sie scheu ihre haarige Hand aus und berührte Heikes glatte Wange.

„Du nicht bist wie Ana und Ono. Du viel weniger Haare. Und du so groß.“

„Wir kommen von weither“, antwortete Heike. „Wir sind nicht von hier.“

„Ihr anders." Ana stockte. Sie senkte den Blick, zog die Hand zurück und sprach so schnell, daß Heike sie kaum verstehen konnte.

„Boto sagen, andere Menschen kommen. Viele. Boto sagen, nicht reden dürfen mit anderen. Andere schlecht. Töten Ana und Ono. Jagen Tiere. Dann kein Fleisch für uns. Boto sagen, kämpfen, wenn andere kommen."

Heike schluckte. „Aber wir wollen nichts Böses, wirklich nicht." Sie öffnete die Hände. „Schau doch, wir haben keine Waffen."

Ana nahm ihre Hände und betrachtete voller Interesse Heikes schmale, weiße Finger. Dann sah sie auf und lächelte Heike an. Heike lächelte zurück.

„Du nicht böse", sagte Ana. „Boto manchmal reden dumm." Sie ließ Heikes Hände los. Nun hatte sie es plötzlich eilig, ergriff das Fell mit ihrem Säugling und verließ die Höhle. Heike blickte ihr nach, bis sie zwischen den Sträuchern verschwunden war. Das Mädchen war fest überzeugt, daß Ana wiederkommen würde.

Der tote Mammutjäger

„Joghurt zum Frühstück?" Michael rümpfte die Nase. Sein Blick wanderte über den liebevoll, aber seiner Meinung nach etwas spärlich gedeckten Tisch, über die Teller mit Müsli und die Gläser mit Orangensaft. Dann blieben seine Augen an Professor Ambrosius hängen, der schon am Tisch saß, in der Zeitung blätterte und fröhlich aufsah.

„Ist heute nicht ein wunderschöner Tag?" bemerkte der Erfinder. „Da mag man gar nicht länger im Bett bleiben! Es drängt einen richtig, an die Arbeit zu gehen. Oder etwa nicht?"

„Naja . . . eigentlich hab' ich gedacht, daß die Ferien auch zum Ausschlafen da sind", gab Michael zurück. Er hätte sich gern noch einmal im Bett umgedreht, aber er wollte auf keinen Fall das Theater verpassen, das Ula am Frühstückstisch abzog. Aber Fehlanzeige! Natürlich schlief Ula noch. Es hätte ihn auch gewundert, wenn Neandertaler ausgesprochene Frühaufsteher gewesen wären. Und Heike und Thomas waren ebenfalls noch nicht aufgestanden. Nur der Labradorhund saß schon zu Füßen des Professors da und wartete aufs Frühstück.

„Morgen, Moorteufel! Bist du auch schon wach?“ begrüßte Michael ihn.

Es war eine blöde Frage, und der Hund wedelte nur matt mit dem Schwanz und sah immer wieder zur Tür.

„Ja, ich weiß, dein Herrchen ist dir wichtiger als ich.“ Michael war leicht gekränkt, daß die Begrüßung nicht begeisterter ausfiel. Er setzte sich. „Thomas kommt sicher gleich. – Äham, Onkel Ambrosius, glaubst du wirklich, daß Ula dieses schlabbrige Zeug mag?“

„Nein“, sagte der Professor und legte die Zeitung weg. „Ich selbst habe vier Wochen gebraucht, um mich umzustellen, und so ganz habe ich mich noch immer nicht daran gewöhnt. Aber so ein Frühstück belastet die Verdauung nicht, und man hat den Kopf frei für frische und klare Gedanken. Und das hat mich schließlich überzeugt.“

„So“, machte Michael nur. Er nippte an seinem Orangensaft, verzog das Gesicht und nahm dann einen Löffel Müsli. Es war ungesüßt, und Michael biß so ungeschickt auf ein grobes Haselnußstück, daß er um seinen Backenzahn bangte.

„Ich habe über die gestrige Angelegenheit nachgedacht“, erwiderte der Erfinder. „Es wäre nicht passiert, wenn Archie meinen Fehler korrigiert hätte. Das hätte er normalerweise auch getan, aber –“

„Du hast ihn beleidigt“, erklärte Michael kauend.

„Archie ist nachtragend“, antwortete der Professor. „Ein übler Charakterzug, besonders für einen Computer. Ich habe mir die ganze Nacht den Kopf darüber zerbrochen, ob es richtig war, eine KI zu schaffen. Ich wollte natürlich das fortschrittlichste Computermodell, und deswegen bin ich in die Zukunft gereist und habe mich dort in den wissenschaftlichen Bibliotheken umgesehen. Archie ist sozusagen seiner Zeit voraus. Genausogut hätte ich mich mit einem automatischen Steuerungssystem zufriedengeben können, aber ich wollte nicht nur eine schnelle, zuverlässige Maschine, sondern jemanden, der mitdenkt . . . Jetzt frage ich mich, ob ich mich da nicht mit zusätzlichen Problemen belaste . . ."

Weil Moorteufel in diesem Augenblick winselte und zur Tür lief, hörte Michael gar nicht mehr richtig zu. Es war aber nur Frau Schneider. Sie segelte schwungvoll herein, in der Hand eine dampfende Kaffeekanne. „Einen wunderschönen guten Morgen alle zusammen." Die Haushälterin stoppte und blickte sich erstaunt um. „Nanu, schlafen die anderen denn noch?"

„Sieht so aus", erwiderte Professor Ambrosius fröhlich. „Wir scheinen da ein paar Exemplare der Gattung Homo sapiens Langschläferensis im Hause zu haben, besser bekannt unter dem Namen Morgenmuffel . . ."

Frau Schneider stutzte. „Ach so, Sie scherzen", erklärte sie dann und schenkte dem Professor Kaffee ein. „Und ich dachte schon, Sie würden wieder einen Ihrer Vorträge halten. Ich höre Ihnen nämlich sehr gerne zu – wenn ich auch finde, daß Sie sich noch immer viel zu sehr der Wissenschaft und zu wenig den weltlichen Dingen widmen."

„Aber Frau Schneider!" tadelte der Erfinder. „Die Wissenschaft *ist* meine Welt."

Sie frühstückten. Als die anderen eine halbe Stunde später noch immer nicht aufgetaucht waren, sprang Michael entschlossen auf.

„Ich finde, es reicht! Jetzt schmeiße ich sie raus!"

Professor Ambrosius nickte. „Tu das, junger Freund. Wir haben heute noch eine Menge vor."

Michael eilte die Treppe hinauf in den ersten Stock. Er polterte an Thomas' Zimmertür. „Aufwachen! Es ist gleich Mittag!"

An Heikes Tür klopfte er sanfter, nicht aus Rücksicht auf seine Schwester, sondern wegen Ula.

„Aufstehen, ihr beiden Süßen! Es gibt erstklassiges Müsli und sagenhaften Joghurt! Das haut den stärksten Neandertaler um!“

Nichts rührte sich. Michael klopfte an beide Türen noch einmal, diesmal mit aller Kraft.

„Entweder sind sie stocktaub oder tot.“

Kurzerhand drückte er die Klinke herunter. Eine halbe Minute später erstattete er dem Professor Bericht.

„Die Betten sind benutzt, aber es ist kein Mensch mehr da!“

Ein Schock zeichnete das Gesicht des Erfinders. Er wurde grau. „Da ist etwas passiert!“

„Darauf kannst du deine Sprachpillen nehmen!“

„Was nun? Wo können sie sein?“

Durch Michaels Kopf schossen die abenteuerlichsten Vorstellungen. „Gekidnappt. Fünf Millionen für das Neandertalkind, zahlbar bis heute abend.“

„Unsinn. Entführer hätten sich wahrscheinlich längst gemeldet. Außerdem weiß niemand von Ula.“

„Vergiß Frau Schneider nicht“, sagte Michael. In diesem Moment kam die Haushälterin aufgeregt ins Eßzimmer.

„Da können wir lange mit dem Frühstück warten! Die anderen sind gar nicht da!“

„Das wissen wir schon“, erwiderte der Professor.

„Aber –“ Frau Schneider brach ab und starrte den Erfinder an. Dann kam es vorwurfsvoll: „Und warum haben Sie nichts davon gesagt?“

„Ich . . . äh . . . tja, weil . . .“ Dem Professor fiel keine Ausrede ein, und Michael griff ein: „Die Leute von der Filmgesellschaft haben Ula eben abgeholt. Sie müssen sofort weitermachen. Der Morgennebel soll mit aufs Bild. Die Szene muß abgedreht sein, solange noch der Tau auf den Grashalmen glänzt. Und Heike und Thomas sind mit, weil sie zuschauen wollten.“

„Ohne Frühstück!“ entrüstete sich Frau Schneider. „Diese Filmleute! Und ich habe mir solche Mühe gegeben!“ Sie rauschte hinaus, sichtlich beleidigt.

„Sie hat den Joghurt nämlich selbst gemacht“, murmelte Professor Ambrosius geistesabwesend. Dann sprang er auf. „Teufel noch mal, wo können die drei nur stecken?“

Moorteufel drängte zur Tür und winselte leise.

„Der Hund ist schon den ganzen Morgen so komisch“, stellte der Erfinder fest. „Ich dachte, es liegt an einem Wetterumschwung . . .“

„Moorteufel“, sagte Michael eindringlich. „Such Thomas, los! Wo ist er?“

Moorteufel wedelte mit dem Schwanz, tappte hinaus in den Flur, schnupperte kurz im Treppenhaus und drängte dann zur Haustür.

„Vielleicht sind sie zur Höhle gegangen“, vermutete Michael.

„Ohne auf uns zu warten?“ schimpfte der Professor. „Aber das ist grober Unfug! Lebensgefährlich!“

„Sehen wir lieber nach!“ unterbrach ihn Michael.

„Das werden wir auch tun, verlaß dich drauf!“ erklärte der Professor. „Ich nehme das Solarmobil, und du kannst mit dem Fahrrad hinterher fahren. In der Garage steht eines.“

Michael keuchte, als er absprang und das Rad ins Gebüsch warf. Natürlich war der Professor viel früher angekommen als er, und er hatte sich längst nicht so abstrampeln müssen. Das Solarmobil stand verlassen auf dem Feldweg, glitzerte in der Sonne und „tankte“ Energie für neue Fahrten.

Michael lief den Abhang hinunter. Moorteufel sprang voraus. Der Hund war ohne Zögern mitgelaufen; das bestätigte Michael in seiner Vermutung. Thomas, Heike und Ula mußten in der Höhle sein!

Als Michael beim Steinbruch ankam, war der Professor nicht mehr zu sehen. Der Junge zwängte sich durch den Höhleneingang, legte das finstere Gangstück zurück und erreichte dann den beleuchteten Teil, wo Professor Ambrosius auf ihn wartete. Aufgeregt wies er auf die zuckenden Lichter.

„Archie gibt Alarm! Ein Fremder ist hier eingedrungen!"

„Ich korrigiere", meldete Archies Stimme. „Es waren drei Eindringlinge, die weitergegangen sind, ohne sich zu identifizieren."

Michael und der Erfinder wechselten einen vielsagenden Blick.

„Du kannst den Alarm ausschalten, Archie", befahl Professor Ambrosius dann.

Das Flackern wich einer gleichmäßigen Beleuchtung.

„Ich drehe ihnen den Hals um, wenn sie etwas angestellt haben", kündigte der Professor an. Gleich darauf mäßigte er sich: „Zumindest schicke ich sie sofort heim. Ich habe euch eingeladen, damit ihr mir behilflich seid – und nicht, damit ihr Unfug macht!" Er funkelte Michael zornig an.

„Ich hab' doch gar nichts getan!" verteidigte sich der Junge.

„Los, komm!" drängte der Erfinder.

Sie hasteten weiter, am „Dom" und am Bärenskelett vorbei. Als sie die letzte Biegung der Treppe erreicht hatten, blieb Professor Ambrosius stehen.

„Die Halle ist leer!" stieß er verblüfft aus. „Ich habe fest angenommen, daß sie an Archie herumspielen. Oder auch an der Zeitmaschine. Verflixt und zugenäht, wo sind sie?"

„Gestatten Sie mir eine Korrektur", erklärte Archie mit verschnupfter Stimme. „Ich bin kein Spielzeug. Außerdem mache ich Sie darauf aufmerksam, daß Sie sich einem gefährlichen Bereich nähern."

„Gefährlicher Bereich, papperlapapp!" brummte der Erfinder. „Ich weiß selber, was hier gefährlich ist und was nicht. Du überschreitest allmählich deine Kompetenzen, Archie!"

Er ging ein paar Schritte weiter. Michael schielte mißtrauisch zur Höhlendecke hinauf. Er hörte das Brausen zuerst und reagierte blitzschnell. Instinktiv sprang er vor und riß den Professor zurück. Der Erfinder verlor das Gleichgewicht und purzelte rücklings auf die Stufen. Die Brille hüpfte von seiner Nase, aber er fing sie geistesgegenwärtig auf, bevor sie zu Boden fallen und zerschellen konnte.

„Verflixt noch mal, was soll das?“ Der Professor setzte die Brille wieder auf und fixierte Michael voller Zorn. „Donnerwetter, warum reißt du mich so am Ärmel?“

„Ich weiß nicht“, japste Michael. „Ich mußte einfach. Es ist . . .“ Er verstummte und lauschte. „Hörst du es nicht?“

Das Brausen unter der Höhlendecke schwoll an, erreichte die Kraft einer Sturmbö und wurde wieder leiser.

„Archie“, ächzte der Professor und wischte sich den Schweiß von der Stirn, „warum hast du die Zeitschleuse nicht ausgeschaltet?“

„Weil ich keinen Befehl dazu hatte“, sagte der Computer sachlich.

„Dann tu es jetzt! Auf der Stelle tust du es, Archie!“ Der Professor schrie es fast.

‚Jetzt wird er gleich hysterisch‘, dachte Michael.

„Sehr wohl“, erklärte Archie beflissen.

Mit einem Mal war es ganz still in der Halle. Michael bemerkte, daß er den Atem angehalten hatte. Professor Ambrosius starrte finster vor sich hin. Dann erhob er sich.

„Keine Gefahr mehr, Archie?“

„Keine Gefahr. Alles klar“, gab Archie zurück.

Der Erfinder ging zu der Computeranlage und betätigte die Tasten. Michael kam hinterher und schaute zu, wie Signale auf den Bildschirmen erschienen. Er konnte nichts damit anfangen.

„Ich rufe die Aufzeichnungen der letzten zwölf Stunden ab“, murmelte der Professor. „Ah, hier ist es schon. Archie, bitte deinen Bericht.“

„Um ein Uhr siebenundfünfzig wurde die Zeitschleuse von drei Personen benutzt“, sagte Archie. „Alle drei wurden ins Jahr 30 743 vor Christus versetzt.“

Michael schloß vor Grauen die Augen.

„Du Trottel!“ tobte der Erfinder. „Und warum hast du das nicht verhindert?“

„Es . . . fiel nicht in meine . . . Kompetenz“, antwortete der Computer stockend.

Professor Ambrosius fuhr sich mit fünf Fingern durchs Haar, während Michael zaghaft fragte: „Meinst du, wir können Heike und Thomas zurückholen?“

„Natürlich können wir das. Obwohl ich offengestanden wenig Lust dazu habe. Wenn sie schon mitten in der Nacht einen Trip in die Steinzeit machen müssen, dann ist es nur recht und billig, daß sie ein Weilchen dortbleiben“, entgegnete der Erfinder.

„Einspruch“, mischte sich Archie ein. „Es war nicht freiwillig. Sie haben das Neandertalkind verfolgt und dabei –“

„Ach, sieh mal einer an“, unterbrach ihn der Professor. „Du weißt ja doch Bescheid. So ganz unterbelichtet bist du also nicht, obwohl du dich manchmal anstellst wie die dümmste Registrierkasse.“

„Ich verstehe nicht ganz“, begann Archie, aber Professor Ambrosius ließ ihn nicht ausreden. „Na, lassen wir das. Spuck lieber noch mal die genauen Daten aus und gib sie in die Maschine rüber zu Archie junior. Wir werden jetzt gleich eine kleine Reise machen.“

„Mit der Zeitmaschine?“ vergewisserte sich Michael.

„Was denkst du denn? Willst du lieber die Zeitschleuse benutzen? Das wäre eine Angelegenheit ohne Rückfahrschein, mein Freund. Ich nehme nicht an, daß du dein restliches Leben in der Steinzeit verbringen willst, oder?“

Michael war sehr gespannt darauf, die neue Zeitmaschine auszuprobieren; gleichzeitig fürchtete er sich ein wenig davor, selbst wenn der Professor immer wieder versicherte, eine Reise mit der Zeitmaschine sei ungefährlicher als ein Inlandflug oder eine Fahrt mit dem Auto.

Sie hatten alle Vorbereitungen getroffen. Professor Ambrosius war noch einmal in sein Haus zurückgekehrt, um sich einen Vorrat an Sprachpillen zu besorgen. Außerdem hatte er zwei starke Handlampen mitgebracht.

„Damit wir für alle Notfälle gerüstet sind“, erklärte er.

„Notfälle? Ich dachte, es gibt keine“, erwiderte Michael.

Der Blick, der ihn traf, hieß ihn schweigen.

‚Ein zorniger Großonkel ist ein unkonzentrierter Großonkel', dachte Michael. ‚Und Unkonzentriertheit können wir am wenigsten brauchen.' Er nahm also auf einem der Sitze Platz, versuchte sich zu entspannen und harrte der Dinge, die da kommen würden. Moorteufel lag zu seinen Füßen, die Gelassenheit in Person.

Der Professor stand vor dem Schaltpult, überprüfte die Daten und nickte zufrieden. „Es kann losgehen, Archie!"

Die Einstiegsluke schloß sich automatisch. Der Bildschirm verkündete: „Ziel: Altsteinzeit."

Professor Ambrosius drückte den Starthebel herunter. Die Maschine begann leise zu summen. Mit trockenem Mund schaute Michael durch eines der kleinen Fenster. Die Höhle draußen war verschwunden. Weißer Nebel wallte vor den Fenstern.

Es ging Jahrtausende in die Vergangenheit. Michael sah, wie die Zeitanzeige auf dem Monitor raste. Sein Herz klopfte heftig. Was war mit Heike und Thomas passiert? Wo waren sie gelandet? Und vor allem: Waren sie noch heil und unversehrt?

Michael, der eine lebhafte Phantasie besaß, zwang sich, nicht an das Schrecklichste zu denken. Er streichelte Moorteufel und überlegte, was wohl mit dem Hund geschehen würde, falls Thomas –

„Wir sind gleich da", verkünderte der Professor in diesem Moment.

Der Nebel draußen lichtete sich. Bruchstücke einer Landschaft wurden sichtbar, abwechselnd in Licht und Schatten getaucht. Es waren die Tage und Nächte, die rasch aufeinander folgten. Das Tempo verlangsamte sich immer mehr, und schließlich blieb es hell. Das Summen erstarb.

„Ende der Spazierfahrt", murmelte Professor Ambrosius. Er drückte auf einen Knopf, und die Luke glitt auf. Sie erblickten eine menschenverlassene Steppe. Sie sah nicht besonders einladend aus.

„Und wo sind die anderen?“ fragte Michael, der Neugier und Unbehagen zugleich verspürte.

„Hm“, machte der Erfinder, „laut Archie ist es zwar der richtige Tag, aber die genaue Stunde konnte er leider nicht feststellen. Und was die Gegend betrifft: Mit einer Ungenauigkeit von ein paar Kilometern müssen wir schon rechnen . . .“

Es kam Michael vor, als wollten sie eine Stecknadel in einem Heuhaufen suchen, aber Professor Ambrosius fand, die Chancen seien entschieden größer. Der Erfinder öffnete ein Fach am Armaturenbrett und nahm einen Gürtel heraus. Daran war ein flaches Kästchen befestigt. Es besaß etliche Tasten und eine Digitalanzeige. Professor Ambrosius schnallte sich den Gürtel um.

„Damit kann ich die Zeitmaschine fernsteuern. Es ist eine sehr praktische Sache und erspart uns eine Menge Probleme. Zum Beispiel kann ich – selbstverständlich, nachdem wir ausgestiegen sind! – die Zeitmaschine in der fünften Dimension ‚parken‘. Egal, wohin wir gehen – Knopfdruck genügt, dann kommt sie wieder und ist einsatzbereit.“

„Ungeheuerlich“, sagte Michael. „Und wenn deine Fernbedienung mal kaputtgeht, was dann?“

„Tja, du hast recht“, meinte der Erfinder. „Ich hätte längst ein Duplikat bauen müssen, aber ich bin einfach noch nicht dazu gekommen. Was ist? Steigst du jetzt mit aus, oder soll ich dich in die fünfte Dimension schicken? Ich weiß allerdings nicht, wie das auf Menschen wirkt. Ich habe es nämlich noch nicht ausprobiert.“

„Nein danke, da mußt du dir schon ein anderes Versuchskaninchen aussuchen“, sagte Michael und erhob sich eilig von seinem Sitz.

Die Luft war frischer, als er erwartet hatte.

„Wir sind in der Eiszeit, mein Freund“, sagte Professor Ambrosius, der Michaels Frösteln bemerkte. „Allerdings ist momentan Sommer, und ich denke, so schlimm wird es nicht werden.“

Er betätigte die Fernbedienung. Die Zeitmaschine glänzte im Sonnenlicht. Das Glitzern wurde einen Moment lang so stark, daß Michael die Augen zukniff. Als er sie wieder aufmachte, war die Zeitmaschine weg.

Michael hatte einen trockenen Mund. „Ob Archie das mag? Ich meine, was erzählt er denn so über die fünfte Dimension?"

Der Erfinder blickte den Jungen verwundert an. „Ich bin noch nie auf die Idee gekommen, ihn zu fragen." Er beschirmte seine Augen. „Hm, ziemlich fremde Gegend! In dreißigtausend Jahren verändert sich eben doch viel. Komm, Michael, wir wollen diesen Ausflug nicht länger ausdehnen als unbedingt nötig."

Sie stapften los.

Michael warf noch einen Blick zurück, wo die Zeitmaschine zuletzt gestanden hatte. Es war ihm unbehaglich zumute. Lieber wäre es ihm gewesen, die Maschine wäre sichtbar geblieben, und sie hätten sie irgendwo im Gebüsch versteckt. Doch dann dachte Michael an die Neandertaler mit ihren Keulen und fand die Entscheidung des Professors richtig. Eine Zeitmaschine war eben doch etwas anderes als ein Taxi!

Sie liefen eine halbe Stunde lang, ohne eine Menschenseele zu treffen. Selbst Moorteufels Spürnase versagte oder wurde durch die vielfältigen fremden Gerüche in die Irre geführt. Sie entdeckten verschiedene Tierspuren, über die der Professor abenteuerliche Vermutungen anstellte. Das Aufregendste aber war die Falle, die sie am Flußufer fanden. Nur Michaels Geistesgegenwart war es zu verdanken, daß Professor Ambrosius nicht in eine Fallgrube stürzte.

„Das ist jetzt schon das zweite Mal, daß du mich vor einem Unheil bewahrst", sagte der Erfinder und klopfte sich den Schmutz von der Hose.

„Hier ist deine Brille." Michael reichte sie dem Professor. Dieser bog erst die Bügel zurecht, bevor er sie aufsetzte.

„Mit diesem Ding traue ich mich nicht einmal zu niesen. – Na, die Falle ist recht gut getarnt. Schätzungsweise waren da ein paar erfahrene Jäger am Werk."

Michael blickte sich um. Er erwartete, daß jeden Moment ein paar speerbewaffnete Urmenschen auftauchten. Doch es war nichts zu sehen. Die Gegend hätte nicht einsamer sein können.

„Die Tiere kommen wahrscheinlich am Abend oder in den Morgenstunden zur Tränke“, vermutete der Professor. „Dann werden sich die Jäger auf die Lauer legen.“

Sie gingen weiter.

„Wenn wir nur wüßten, in welcher Richtung wir Heike und Thomas suchen sollen“, klagte Michael. „Nicht einmal dem klitzekleinsten Neandertaler sind wir bisher begegnet. Wer garantiert uns, daß Archie nicht wieder Mist gemacht hat und wir in einer ganz falschen Zeit gelandet sind?“

„Ich garantiere dafür“, sagte der Professor. Er deutete auf ein Seitental. „Gehen wir mal dorthin. Ich habe so das unbestimmte Gefühl, daß wir da etwas finden werden.“

„Ich habe auch ein unbestimmtes Gefühl, aber das ist Hunger“, murmelte Michael. Ganz deutlich knurrte sein Magen, dabei war das Frühstück noch gar nicht so lange her. Aber Michael war an ausgiebigere Mahlzeiten gewöhnt. Er suchte in seinen Hosentaschen, aber er fand nicht einmal den eisernen Notvorrat an Traubenzucker, den er sonst immer dabei hatte. Ach so, den hatte er ja schon am Abend zuvor aufgebraucht ...

„Hast du zufällig einen Kaugummi eingesteckt oder so etwas?“ erkundigte sich Michael.

„Kaugummi?“ entrüstete sich Professor Ambrosius. Genausogut hätte Michael Zyankali verlangen können. „Ich trage *nie* Kaugummi mit mir herum.“

„Man wird doch noch mal höflich fragen dürfen“, grunzte Michael, aber im selben Augenblick legte der Professor den Finger an die Lippen. „Pst!“

Aufgeregt packte er Michael am Arm und flüsterte: „Schau, dort drüben. Siehst du sie?“

Michaels Blick folgte dem ausgestreckten Zeigefinger. „Neandertaler!“

Fünfzehn bis zwanzig fellbekleidete Gestalten bewegten sich an der Felswand entlang. Sie gingen ruhig, waren also nicht auf der Jagd, wie Michael im ersten Moment vermutete. Dann sah er, daß zwei Männer eine Tragbahre hielten, auf der eine dritte Gestalt lag. Die anderen hatten die Köpfe gesenkt wie in Trauer.

„Ist . . . ist da einer tot?“ antwortete Michael.

„Es scheint so“, gab der Professor zurück. „Aber schau genau hin: Das sind keine Neandertaler, wie wir sie in der Höhle gesehen haben. Die Leute hier sind größer und schlanker. Das ist eine andere Menschenrasse. Ich nehme an, daß es sich um Cromagnon-Menschen handelt, den ersten Vertretern des Homo sapiens sapiens. Mit diesen Menschen sind wir enger verwandt als mit den Neandertalern, es sind sozusagen unsere Vorfahren.“

Michael hatte wenig Lust, sich einen Vortrag über seinen Stammbaum anzuhören.

„Und was jetzt?“ sagte Michael deswegen schnippisch. „Sollen wir zu einem hingehen und sagen: ‚Tag, Ur-ur-ur-opa, hast du zufällig deine Ur-ur-ur-enkelin Heike und noch so 'nen sportlichen Knaben gesehen? Die beiden sind uns nämlich abhanden gekommen.‘“

„Hinterher können wir versuchen, Kontakt aufzunehmen“, antwortete Professor Ambrosius ernsthaft. „Jetzt dürfen wir die Leute auf keinen Fall bei ihrer Zeremonie stören. Das könnte böse für uns enden. Komm!“ Er zog Michael hinter ein paar Sträucher. „Ich glaube, der Trauerzug bewegt sich in unsere Richtung.“

„Hoffentlich hält Moorteufel still“, murmelte Michael und faßte den Hund am Halsband. Gebannt schaute der Junge zu, wie die Fremden näherkamen. Die Männer trugen Bärte, doch ihre Gesichter waren weniger behaart als die der Neandertaler. Die Haut war von Wind und Wetter gegerbt; in den Mienen standen Leid und Schmerz. Der Verstorbene schien eine wichtige Persönlichkeit gewesen zu sein.

Hinter der Bahre ging eine ältere Frau, offenbar die Witwe. Ihr zottiges Haar war bereits ergraut, und ihre blaßblauen Augen starrten ins Leere, so als würde sie gar nicht richtig wahrnehmen, was um sie herum geschah. In der Hand hielt sie einen verwelkten Blumenstrauß. Als der Leichenzug am Versteck der beiden Zeitreisenden vorüberkam, erkannte Michael, daß auch der Tote auf der Bahre mit Blumen bedeckt war. Die bunten Blüten bildeten ein kunstvolles Muster. Das Gesicht des Toten war freigelassen. Es sah friedlich aus. Nur die Wunde an der linken Seite zeugte von einem vorangegangenen Kampf.

Ein leises Knacken ließ Michael zusammenzucken. Professor Ambrosius neben ihm hatte die kleine Kapsel geöffnet, die er an einer Schnur um den Hals trug. Er drückte Michael eine Sprachpille in die Hand. „Hier", raunte er, „damit wir verstehen, was sie sagen!"

Während Michael die Sprachpille schluckte, stellte er sich vor, welche chemischen Prozesse jetzt wohl gleich in seinem Gehirn ablaufen würden. Aktivierung des Sprachzentrums . . . Umsetzen von Gesten und Lauten in bekannte Wörter . . . Ein Übersetzungscomputer war nichts gegen Professor Ambrosius' Pillen!

Trotzdem war Michael überrascht, wie schnell aus dem Gemurmel der Leute verständliche Worte wurden.

Die Trauernden redeten davon, wodurch sich der Verstorbene besonders ausgezeichnet hatte.

„Ubolin hatte nie Angst", sagte ein älterer Mann. „Er war der einzige, der es gewagt hat, allein dem braunen Riesen gegenüberzutreten."

„Unsere Kinder und Kindeskinder werden noch von Ubolins Tapferkeit erzählen", erwiderte der vordere Träger.

„Aber sein Mut hat ihm nichts genützt, denn der Zahn des braunen Riesen hat ihn durchbohrt", klagte die Witwe.

„Wir werden nicht eher ruhen, bis der braune Riese auch tot ist“, versprach der hintere Träger, ein junger, kräftiger Mann. „Wir werden ihn in die Enge treiben.“

„Das haben schon viele versucht“, wandte eine zweite Frau ein. „Der braune Riese ist schlau, und seine Wut ist groß. Ubolin hat ihn mit seinem Speer verwundet, doch das hat die Kraft des Riesen nicht verringert.“

„Was ist das für ein brauner Riese?“ flüsterte Michael und spürte, wie eine Gänsehaut seinen Rücken heraufkroch.

„Pst!“ machte der Professor, doch der Trauerzug war inzwischen so weit entfernt, daß sie nichts mehr verstanden. Sie warteten, bis der Abstand noch etwas größer war, dann folgten sie mit äußerster Vorsicht den Cromagnon-Menschen. Sie nützten jede Deckung aus, trotzdem befürchtete Michael, daß die Urmenschen sie sofort entdecken würden, sobald sie sich umdrehten. Aber zum Glück dachte keiner der Trauernden daran.

Professor Ambrosius und Michael blieben an einem erhöhten Vorsprung stehen. Der Leichenzug bewegte sich schräg unter ihnen vorbei.

„Sie gehen zu dem Felsen“, stellte Michael fest. „Ob sie den Toten in eine Höhle bringen?“

„Warten wir's ab“, meinte der Professor.

Die Cromagnon-Menschen blieben vor dem Felsen stehen und setzten die Bahre ab. Jeder nahm Abschied von Ubolin. Zum Schluß legte die Witwe dem Toten den Blumenstrauß auf die Brust. Dann hoben die Träger die Bahre wieder an und schoben sie in eine Felsnische.

Der Professor und Michael sahen zu, wie die Öffnung mit Steinen und Erde verschlossen wurde. Danach zog die Gruppe ab, etwas gelöster und lebhafter als zuvor. Einige lachten sogar.

Die Witwe wurde von zwei Frauen begleitet, und als sie unterhalb der Zeitreisenden vorbeikamen, hörte Michael, wie die eine Frau sagte: „Wer wird nun dein neuer Gefährte werden?“

Die andere setzte hinzu: „Du mußt heute abend beim Fest

deine Wahl treffen. Agon hat keine Frau mehr, und auch Sullu ist schon lange allein."

Die Witwe senkte verlegen den Kopf und antwortete nicht.

Michael und der Professor wechselten einen Blick.

„Was nun?" fragte Michael. „Sollen wir sie ansprechen?"

„Ja, aber setz ein freundliches Gesicht auf, damit sie uns nicht für Feinde halten", erwiderte der Erfinder.

Sie traten aus ihrem Versteck. Die Gruppe würde gleich an ihnen vorbeikommen. Der Professor lächelte und hielt die Hände leicht geöffnet – ein Zeichen, daß er unbewaffnet war. Michael grinste, bis ihm die Mundwinkel weh taten. Er kam sich dämlich vor. Gleichzeitig schlug ihm das Herz bis zum Hals. Wie würden die Cromagnon-Menschen reagieren?

Da waren sie schon. Der erste Mann blieb wie vom Blitz getroffen stehen, als er die Zeitreisenden sah. Er zog die Augenbrauen zusammen, und sein Gesicht verfinsterte sich.

„Äh . . . guten Tag", sagte der Professor. „Wir sind ganz friedliche Menschen und wollen euch nichts zuleide tun. Wir haben nur freundliche Absichten."

Der Mann wirkte nicht so, als würde er auch nur ein Wort davon glauben. Jetzt kamen die anderen. Der zweite hob einen großen Stein auf, bereit, ihn bei Gefahr auf die Zeitreisenden zu schleudern.

Moorteufel knurrte.

„Bist du wohl ruhig", zischte Michael.

Der Professor versuchte es noch einmal. Er streckte freundlich die Arme aus. „Ich versichere euch, wir sind ganz friedlich. Wir kommen von weither und suchen zwei Kinder. Habt ihr sie zufällig gesehen?"

Er erhielt keine Antwort, aber zumindest senkte der Mann den Stein. Die Cromagnon-Menschen zogen sich ein Stück zurück, um sich zu beraten. Michael und Professor Ambrosius verstanden wenig von dem Gemurmel. Immer wieder wurden sie von Augenpaaren verstohlen gemustert. Schließlich trat einer der Männer vor.

„Wenn ihr wirklich in friedlicher Absicht kommt, dann seid

unsere Gäste. Wir sehen, daß ihr nicht zu den Plattstirnlern gehört. Wenn ihr wollt, dann könnt ihr heute abend mit uns feiern, aber ihr müßt eure Waffen am Höhleneingang ablegen."

„Wir tragen keine Waffen", sagte der Professor und zeigte seine leeren Hände. Dann neigte er den Kopf. „Es ist uns eine Ehre, mit euch zu feiern. Wir nehmen eure Einladung gerne an."

Der Cromagnon-Mann lächelte. „Dann seid willkommen, Freunde. Wir sind gespannt darauf, was ihr uns von eurer Reise erzählen werdet. Wir möchten viel von dir und deinem Stamm hören."

Damit waren vorerst genug Höflichkeitsfloskeln ausgetauscht. Ehe sich's der Professor und Michael versahen, waren sie von den Cromagnon-Menschen umringt. Eine Frau zupfte neugierig an Michaels Sweatshirt. Ein älterer Mann beäugte die Brille des Professors und zuckte zurück, als er bemerkte, wie der Erfinder ihn durch die Gläser hindurch anstarrte. Auch Moorteufel erregte Aufmerksamkeit.

„Kann man das Tier essen?" fragte ein Mann, dem schon einige Zähne fehlten.

„Lieber nicht", erwiderte Michael mit schiefem Lächeln. Eine junge Frau versuchte, Moorteufel zu streicheln, aber der Hund wich aus und rettete sich an die Seite des Professors. Moorteufel war nicht feige, aber die große Anzahl fremder Menschen verwirrte ihn so, daß er sich lieber an diejenigen hielt, die ihm vertraut waren.

Der Weg zur Höhle der Cromagnon-Menschen dauerte ungefähr eine Stunde. Unterwegs erfuhren die Zeitreisenden, daß Ubolin der Anführer der Gruppe gewesen war. Sein Nachfolger würde bei der Feier bestimmt werden. Leider wußte keiner der Cromagnon-Menschen etwas von Heike und Thomas, aber man versprach, in Zukunft die Augen offenzuhalten. Als Michael Ula beschrieb, sagte eine Frau sofort: „Ein Plattstirnkind!", und der Alte mit den Zahnlücken fiel ein: „Mit Plattstirnlern haben wir nichts zu tun!"

Michael hielt es für klüger, nicht länger auf diesem Thema herumzureiten.

Als sie bei der Höhle ankamen, strömte ihnen ein eigenartiger Geruch entgegen: Die Vorbereitungen für das Fest waren in vollem Gang. Einige Frauen, die nicht an dem Begräbnis teilgenommen hatten, waren damit beschäftigt, ein merkwürdiges Getränk zu brauen. Michael wurde von dem Duft ganz benommen. Die Frauen nahmen die fremden Ankömmlinge zwar zur Kenntnis, doch sie unterbrachen ihre Arbeit nicht. Zwei von ihnen brieten Fleisch über einem Feuer. Ein paar Kinder rührten in Schalen und zerkrümelten Erdbrocken, bis gelber und rötlicher Brei entstand. Die Schalen erinnerten Michael an eine menschliche Schädeldecke, die in seiner Schule im Schaukasten des Biologiesaals ausgestellt war. Der Junge fröstelte.

Der Alte mit den Zahnlücken und Ubolins Witwe Billa führten den Professor und Michael in den vorderen Teil der Höhle. Dort durften sie sich auf Billas Fell setzen.

„Es ist das schönste Fell der Höhle“, sagte Billa stolz. „Ubolin hat es mir geschenkt. Er war ein großer Jäger.“

Dann bot die Witwe den beiden lange weiße Wurzelstangen zum Kauen an. Sie schmeckten seltsam, eine süßliche Mischung aus Spargel und Rettich. Michael schüttelte sich, aber es wäre unhöflich gewesen, das Gastgeschenk abzulehnen.

‚Auch nicht viel schlimmer als Frau Schneiders Müsli‘, dachte er und biß tapfer ein Wurzelstück ab.

Billa zeigte den Gästen eine Sammlung von Feuersteinen und ihre Werkzeuge zur Fellbearbeitung. Dann führte sie ihre Schmuckstücke vor: Ketten und Armbänder aus geschnitzten Holzperlen, die an Tiersehnen aufgefädelt waren, und Anhänger aus durchbohrten Steinen. Sie ließ den Professor an einem Lederbeutelchen riechen. Es war gefüllt mit getrockneten Würzkräutern, und der Erfinder mußte nießen.

„Fein, fein, du hast tolle Sachen“, sagte er. Das Ganze wurde ihm allmählich etwas lästig. Vor allem war ihm nicht klar, warum Billa ihre Schätze vor ihm ausbreitete. Erst, als sie sich neben ihn setzte, ihn anlächelte – sie hatte schöne, gerade Zähne – und ihn fragte: „Bist du ein guter Jäger? Hast du dort, wo du herkommst, schon eine Gefährtin?“ stieg ein Verdacht in ihm hoch.

Michael verkniff sich das Grinsen. Er dachte an das Gespräch, das sie belauscht hatten. Billa sollte einen neuen Ehemann wählen. Hatte sie etwa ein Auge auf den Professor geworfen?

Es war dem Erfinder sichtlich peinlich. Einerseits wollte er Billa nicht beleidigen, denn ein Verstoß gegen die Benimm-Regeln der Cromagnon-Menschen konnte böse Folgen haben. Andererseits hatte er nicht vor, längere Zeit hier bei den Urmenschen zu verbringen. Er wollte nach Hause zurück, sobald sie Heike und Thomas gefunden hatten. Dazu benötigten sie wiederum die Unterstützung der Cromagnon-Menschen . . .

Es war verzwickt. Der Professor seufzte.

„Du hast großen Kummer?“ fragte Billa mitfühlend, und der Erfinder beeilte sich, eine fröhliche Miene aufzusetzen.

„Sag mal, ihr seid alle so beschäftigt. Was ist denn das für ein Fest, das stattfinden soll?“

Billa tat geheimnisvoll. „Oh, ihr werdet sehen. Wir feiern die Gefangenschaft des braunen Riesen.“ Mehr verriet sie nicht, sondern stand auf, um den anderen Frauen bei den Vorbereitungen zu helfen.

Draußen begann es dämmrig zu werden. Fackeln wurden entzündet und Feuer in der Höhle entfacht. Ein Kraut, das in die Flammen geworfen wurde, verbreitete beißenden Rauch. Michael mußte husten. Als der Hustenanfall vorbei war und sich Michael wieder aufrichtete, hatte er das Gefühl, als würde der Boden auf- und niederschwanken. Er blinzelte heftig. Im gleichen Augenblick setzten die Trommeln ein. Die dumpfen Schläge hallten durch die Höhle. Michael riß die Augen auf, als Schatten an den Wänden zuckten. Vier Tänzer, maskiert und mit Erdfarben bemalt, bewegten sich im Rhythmus der Trommel. Das Fest hatte begonnen . . .

Michael und der Professor lauschten, als einer der Tänzer anfing, die Ballade von Ubolin vorzutragen. Mit eintönigem Singsang zählte er alle Taten auf, die Ubolin im Laufe seines Lebens vollbracht hatte. Das Lied schien kein Ende zu nehmen. Michael merkte, wie seine Augenlider schwer wurden. Die Stimme des Sängers drang wie aus weiter Ferne zu ihm.

Jemand reichte Michael eine Schale, in der eine grüne Brühe schwappte. „Trink!"

Das Getrommel wurde lauter. Michael setzte automatisch die Schale an die Lippen. Er hatte keine Ahnung, woraus das Getränk bestand. Es schmeckte scharf und bitter.

„Brrr!" Michael schüttelte sich, obwohl er nur einen kleinen Schluck genommen hatte. „Spinatschnaps oder so was!"

Die Schale wurde an den Erfinder weitergereicht. Der Professor trank mit glasigem Blick. Als er die Schale abgab, war sie fast leer.

„Ist dir auch so komisch?" ächzte Michael. Er bekam keine Antwort. Dieser Geruch! Und der Qualm! Michael sehnte sich nach frischer Luft, doch er wagte nicht aufzustehen, aus Angst, daß seine Beine ihn nicht mehr trugen.

Die Ballade von Ubolin war inzwischen zu Ende, aber Michael merkte es erst, als der Tänzer einen Speer in den Boden stieß und dabei ausrief: „Und wir kriegen dich doch, brauner Riese!"

„Wir kriegen dich", wiederholten die Cromagnon-Menschen im Chor.

„Du sollst sterben", erklärte der Tänzer beschwörend. „Dein Fleisch wird uns Nahrung für viele Wochen geben. Dein Fell wird uns wärmen. Du bist unser!"

„Du bist unser", riefen die anderen. „Unser, unser, unser!"

Die Trommelschläge wurden schneller. Ein Mann, der sich bisher im Hintergrund gehalten hatte, trat jetzt vor. Er trug eine Schale mit brauner Farbe, in der anderen Hand ein Stück Holzkohle. Mit geschickten Bewegungen fing er an, etwas an der Höhlenwand zu zeichnen: einen gebogenen

Rücken, vier stämmige Füße und einen geschwungenen Rüssel mit mächtigen Zähnen . . .

„Ein Mammut", stieß Michael unwillkürlich aus.

Nachdem die Umrisse des Tieres gezeichnet waren, malte der Künstler den Leib mit brauner Farbe aus. Sogar die Schattierungen vergaß er nicht. Die winzigen Augen ließen das Mammut gefährlich aussehen. Das ganze Kunstwerk entstand innerhalb von wenigen Minuten. Doch damit war der Zeichner noch nicht fertig. Alle erwachsenen Männer der Gruppe standen auf. Einer nach dem anderen trat an die Höhlenwand. Zuerst befürchtete Michael, sie wollten das Bild verwischen. Doch dann sah er, daß jeder seine Hand an die Wand legte. Der Künstler färbte die Hand und den Hintergrund feierlich mit Ockerfarbe ein. Sobald die Hand weggezogen war, sah man an der Wand den hellen Abdruck mit den gespreizten Fingern. Es schien sich um eine wichtige Zeremonie zu handeln.

„Und du?" flüsterte Billa und stieß den Professor aufmunternd in die Seite. „Willst du nicht vorgehen? Willst du nicht deinen Mut beweisen?"

Traumverloren erhob sich der Erfinder. Er schwankte ein bißchen, als er als letzter seine Hand an die Wand legte und sie einfärben ließ. Der Abdruck war genauso perfekt wie die anderen. Wohlgefällig empfing Billa den Professor.

„Ich wußte, daß du ein großer Jäger bist!"

„Jäger – ich?" fragte Professor Ambrosius mit schwerer Zunge.

„Ich fürchte, du hast eben deine Unterschrift gegeben, daß du an der Mammutjagd teilnehmen wirst", murmelte Michael und hielt den Erfinder fest, bevor er nach hinten umkippen konnte.

Die Höhle des Bärengottes

„Onkel Ambrosius müßte uns doch längst suchen“, klagte Heike. Sie wurde von Stunde zu Stunde ungeduldiger. „Warum holt er uns nicht zurück? Warum kommt er nicht? Zwei Tage sind wir jetzt schon hier. Immer nur warten – ich halt's nicht mehr aus!“

Zum x-ten Mal ging sie zur Felskante und spähte ins Tal. Nichts war zu sehen außer ein paar jungen Hasen, die sich in Sicherheit wiegten und herumtobten. Einer stellte die Löffel auf, entdeckte Heike, und blitzschnell waren alle drei Hasen hinter einem Erdhügel verschwunden.

Von Menschen keine Spur, weder vom Professor noch von Michael. Selbst Ana war heute noch nicht gekommen, um Thomas' Wunde zu behandeln. Die Schwellung auf seiner Stirn war schon merklich zurückgegangen, und Thomas konnte sich auch wieder aufsetzen, ohne daß ihm schlecht wurde. Vorhin hatte er die ersten wackeligen Schritte gemacht. Es strengte ihn noch sehr an.

„Ich habe Hunger“, murmelte Thomas, der jetzt erschöpft an der Höhlenwand lehnte. „Warum ist Ana noch nicht da?“

Ana hatte ihnen auch Nahrung gebracht, meistens gedörrtes oder geräuchertes Fleisch, das zäh wie altes Leder war und wie Schuhsohlen schmeckte. Aber Heike und Thomas konnten nicht wählerisch sein.

Heike spähte den Pfad hinab, den Ana gewöhnlich heraufkam. Sie entschied sich, ihr entgegenzulaufen. „Ich bin gleich wieder da“, versprach Heike und verließ die Höhle.

Ihre Sinne hatten sich in den zwei Tagen geschärft. Sie hatte gelernt, auf leise Geräusche zu lauschen, minutenlang reglos zu verharren und ihre Nase zu gebrauchen, ob Raubtiergeruch die Nähe eines Löwen ankündigte. Ana hatte ihr sogar gezeigt, wie man eine Schleuder handhabte, aber natürlich gingen die ersten Versuche jämmerlich daneben. Bestimmt mußte man wochen- und monatelang üben, bis man ein Ziel sicher traf. Ana gestand mit gesenkten Augenlidern, daß die

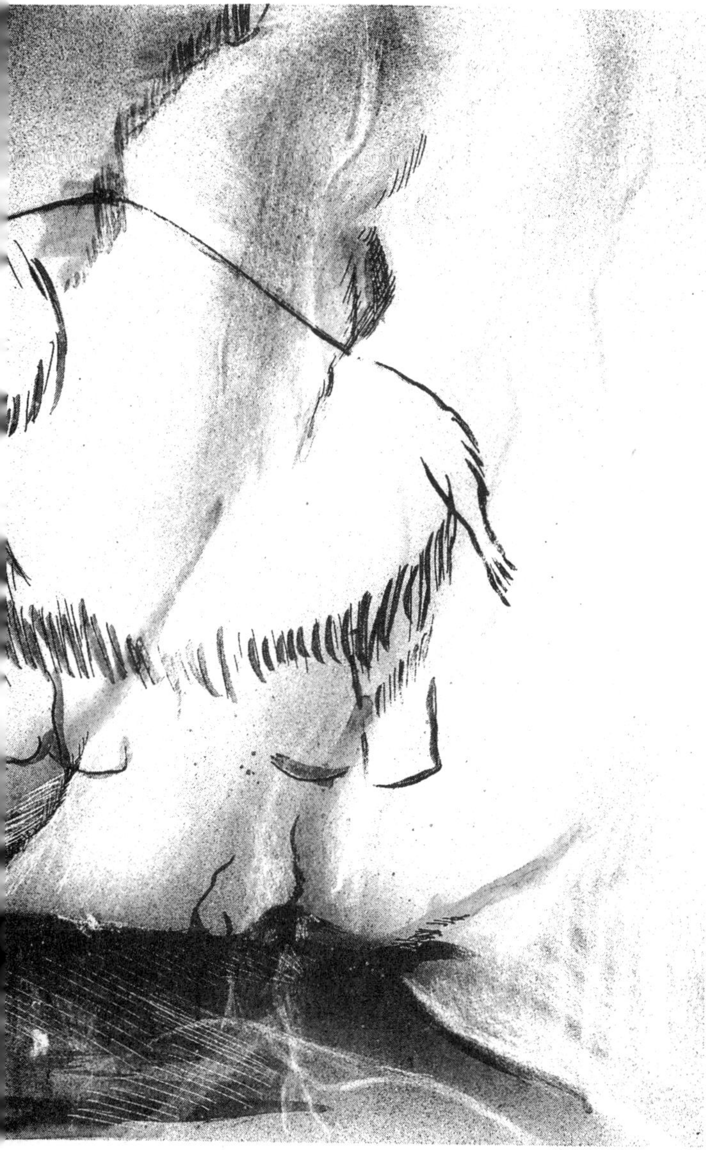

Jagd eigentlich ein Vorrecht der Männer sei, zumindest bei ihrem Stamm. Doch Ana hatte auf ihren ausgedehnten Streifzügen, bei denen sie Kräuter und Wurzeln suchte, den Umgang mit der Schleuder gelernt. Falls ein Tier angriff, konnte sie sich und Ono verteidigen.

Heike hatte den halben Weg hangabwärts zurückgelegt. Anas gedrungene Gestalt war nirgends zu sehen. Die Luft war klar und der Himmel wolkenlos blau. In der Ferne stieg ein schmaler Rauchfaden auf, ein Zeichen für die Anwesenheit von Menschen, die das Feuer kannten.

‚Vielleicht haben sie ein großes Tier gejagt, und Ana muß helfen, es zu zerlegen', überlegte Heike. ‚Deswegen kann sie nicht weg, selbst wenn –'

Weiter kam sie nicht, denn in diesem Augenblick legte sich eine behaarte Hand auf ihren Mund.

Heike wollte schreien, aber jeder Laut wurde erstickt. Sie wehrte und trat um sich, doch starke Arme hielten sie fest. Ranziger Fellgeruch stieg in ihre Nase. Als sie es endlich schaffte, sich umzudrehen, blickte sie in die wilden Augen eines Neandertalmannes. Ein zweiter stand neben ihm, seine Haltung war genauso drohend.

Endlich lockerte der erste seinen Griff. „Wo sind andere?" bellte er.

„Hilfe!" brüllte Heike. Sofort preßte sich die Hand auf ihre Lippen. Aussichtslos! Außerdem war Thomas noch viel zu schwach, um ihr zu Hilfe zu eilen; überdies hätte er gegen die kräftigen Neandertaler kaum eine Chance. In ihrer Verzweiflung biß Heike fest in die fremde Hand, aber kein Zucken verriet, daß der Neandertaler den Biß überhaupt spürte.

„Dort oben?" Der zweite Neandertaler blickte suchend den Hang hinauf.

„Wo?" Der erste schüttelte Heike ungeduldig. „Du sagen, wo lange Menschen! Sonst –" Sein Griff machte deutlich, daß er keinen Spaß verstand. Heike war überzeugt, daß er ihr mühelos die Rippen zerquetschen konnte.

„Laß mich los!" keuchte sie, als sie wieder sprechen konnte.

„Was willst du von mir? Ich hab' dir nichts getan! Laß mich in Ruhe!"

„Wir nicht dulden die Langen hier!" antwortete der zweite Mann. „Tal ist unser."

„Ihr wie viele?" schnauzte der erste. „Wo Höhle?"

„Wir sind nur zu zweit", entgegnete Heike. „Und wir stammen gar nicht aus dieser Zeit, sondern –"

„Dort!" schrie in diesem Moment der zweite Neandertaler. Heike sah bestürzt, daß Thomas in der Höhlenöffnung aufgetaucht war. Bleich stand er am Felsrand und rief: „Laßt sie in Ruhe!"

Die nächsten Minuten waren ein einziger Alptraum. Heike mußte zusehen, wie der zweite Neandertaler zur Höhle hinaufrannte. Es gab einen Kampf, die beiden wälzten sich auf dem Boden. Kurz darauf schleppte der Neandertaler Thomas unter dem Arm herbei. Der Junge war sichtlich erschöpft, schien aber keine weiteren Verletzungen erlitten zu haben.

„Das alle?" fragte der erste Neandertaler.

„Niemand mehr in Höhle", bestätigte der andere. „Und jetzt? Totmachen?"

Heike und Thomas wechselten einen verzweifelten Blick.

„Boto befohlen, alle langen Menschen totmachen", sagte der erste Neandertaler. Trotzdem wirkte er unentschlossen. Er blickte Heike an. Sie war vor Angst unfähig zu sprechen. Unvermittelt ließ der Neandertaler sie los und stieß aus:

„Ich nicht können das Mädchen totmachen. Selbst wenn es ist so häßlich, daß kein Mann es wollen. Außerdem so dürr! Wird sterben, wenn nicht mehr essen!"

Auch der andere Neandertaler ließ Thomas los. Der Junge plumpste ins Gras. Der Neandertaler kratzte sich den Kopf. „Und was wir sagen Boto?"

„Boto selber bestimmen, was mit langen Menschen werden. Wir nehmen beide mit", schlug sein Gefährte vor. Damit war der andere einverstanden.

Heike hatte einen kurzen Moment gehofft, man werde sie freilassen. Leider vergebens. Sie und Thomas waren Gefangene und mußten die Neandertaler zu ihrem Stamm begleiten, wo man über ihr Schicksal entscheiden würde.

Es war später Nachmittag, und die Sonne stand schon tief, als sie das Lager der Neandertaler erreichten. Die Gruppe bestand aus mehr als zwanzig Menschen, die kleinen Kinder nicht mitgezählt. Auf einem Platz brannte ein Lagerfeuer. Der Geruch von gebratenem Fleisch drang den Gefangenen in die Nase, und Heike und Thomas merkten, wie hungrig sie waren. Heike entdeckte Ana, die am Feuer saß und Fleisch an einem Spieß drehte. Die Neandertalfrau hob die Augen nicht, sondern tat so, als kümmere sie sich nur um ihre Arbeit.

‚Sie will uns nicht kennen‘, dachte Heike enttäuscht. ‚Von ihr ist keine Hilfe zu erwarten.‘

Die anderen Neandertaler traten auf die Ankömmlinge zu und betrachteten sie neugierig. In manchen Gesichtern stand deutliche Ablehnung, ja sogar Haß. Der Anführer der Gruppe stapfte vor und baute sich vor den Gefangenen und ihren Wächtern auf.

„Warum ihr sie mitgebracht? Warum ihnen gezeigt unser Lager? Verräter! Lange Menschen böse! Bringen Unheil! Töten – auf der Stelle!“

Er erntete beifälliges Gemurmel. Einer aus der Gruppe hob sogar schon den Speer. Thomas stöhnte. Er sah aus, als würde er jeden Augenblick zusammenklappen.

„Was haben wir euch denn getan?“ brach es aus Heike heraus. „Wir sind nicht aus dieser Zeit und wollen wieder nach Hause. Wir sind nicht eure Feinde!“

Der Anführer trat ganz dicht vor Heike hin. „Ihr gehört zu den Langen“, zischte er. „Deshalb ihr werdet sterben!“

„Ja“, rief eine Frau von hinten. „Lange Menschen uns nehmen alles weg! Sind schon im Tal. Verjagen Tiere. Wenn kalter Winter kommt, wir müssen hungern. Viele dann sterben.“

„Und schuld daran seid ihr“, sagte der Anführer drohend. Heike sah seine blutunterlaufenen Augen, offenbar die Folgen einer kürzlichen Schlägerei.

Ein kleines Gesichtchen zwängte sich zwischen den Neandertalern durch. Heike erkannte Ula.

„Ula“, schrie sie. „Erzähl doch alles. Du bist bei uns gewesen!“

„Was?“ Der Anführer wirbelte herum.

Ula starrte Heike nur wortlos an und hob die Schultern. „Weiß nicht. Die lügt.“

Heikes Herz sank. Es war hoffnungslos. Alle waren gegen sie, Ula und selbst Ana.

In diesem Moment trat Ana vor. „Boto, ich dürfen etwas sagen?“

Boto brummte etwas. Ana faßte es als Zustimmung auf. Sie hob ihre Stimme: „Ich bin Ana, die Heilerin und kenne die Pflanzen. Pflanzen mir sagen, nächster Winter wird hart. Viel Hunger und viel frieren. Großer Bär zornig. Großer Bär will Opfer. Die beiden da“, sie deutete auf Heike und Thomas, „machen großen Bären sanft. Winter wird mild.“

Heike begriff nicht alles, was Ana sagte. Angst schnürte ihr die Kehle zu. Gleich darauf aber verriet ihr ein Funkeln in Anas Augen, daß die Neandertalfrau versuchte, ihnen zu helfen.

Boto rieb sich das Kinn, das ganz anders geformt war als bei Heike und Thomas. Es war runder und wies in der Mitte keine Vertiefung auf. „Nicht töten lange Menschen?“ fragte er dann.

„Nicht töten“, bestätigte Ana.

Boto kämpfte mit sich. Bisher hatte er seiner Gruppe eingebläut, jeder, der einen „langen Menschen“ erspähte, müsse ihn nach Möglichkeit sofort töten. Boto war mit seiner Gruppe in dieses Tal gezogen. Es gab genügend Wild und somit auch Nahrung für seine Leute. Der Platz war gut geeignet für das nächste Winterquartier, denn das Tal mit den vielen Höhlen bot Schutz vor den eisigen Stürmen. Doch seit Boto gehört hatte, daß am anderen Ende des Tals die „Langen“ aufgetaucht waren, machte er sich Sorgen. Die Fremden waren hochgewachsen, schlanker und auch weniger behaart als Botos Stammesangehörige. Boto wußte nicht viel über die „Langen“, aber ihr Eindringen ins Tal gefährdete seine Gruppe. Botos Leute waren zuerst dagewesen, alle Fremden mußten vertrieben oder noch besser getötet werden, etwas anderes war gar nicht denkbar.

Und dann kam Ana mit ihrem Vorschlag. Die beiden Fremden am Leben lassen?

Boto spürte, daß man auf seine Entscheidung wartete. Sollte er den Rat seiner Frau annehmen? Schmälerte er damit nicht sein Ansehen? Andererseits – sie hatten dem großen Bären schon lange kein Opfer mehr gebracht, und der Winter rückte unaufhaltsam näher.

„Glotzt nicht so!“ knurrte Boto ärgerlich, weil alle Augen auf ihn geheftet waren. Er drehte sich um und stapfte davon, um in Ruhe nachzudenken.

Heike hätte Ana gerne gefragt, was jetzt wohl mit ihnen geschehen würde, doch die Neandertalfrau hatte sich schon wieder abgewandt und war an ihren Platz am Feuer zurückgekehrt. Wenig später kam eine andere Frau und brachte den Gefangenen ein paar Stücke gebratenes Fleisch.

Es war stockfinster, als Boto endlich seinen Entschluß verkündete.

„Großer Bär soll entscheiden“, begann der Anführer feierlich. „Wir schicken Fremde in Höhle. Drei Tage und drei Nächte. Bär kann nehmen Opfer. Nach drei Tagen wir werden sehen. Wenn noch leben“, hier stockte er, „dann dürfen lange Menschen bleiben bei uns – für immer. Wenn nicht mehr leben, großer Bär hat angenommen unser Opfer und geben milden Winter.“

Die Zurufe und das Gestampfe der Neandertaler drückten Beifall aus. Botos Entscheidung gefiel ihnen.

„Drei Tage in einer Bärenhöhle“, flüsterte Heike, starr vor Entsetzen.

„Nur noch ein Wunder kann uns retten“, murmelte Thomas.

Heike war am Feuer eingeschlummert. Schwere Träume plagten sie. Ein riesiger Bär verfolgte sie . . .

Als jemand sie in die Seite stieß, war sie sofort wach. Es war Ana.

„Viel Glück!“ raunte sie. „Geist von Großen Bären soll euch schützen. Nimm das.“ Sie hängte Heike rasch etwas um den Hals. Es war ein winziger Lederbeutel. Heike tastete danach und spürte etwas Hartes.

„Knochen von Bären“, murmelte Ana. „Hilft in Not.“ Sie beugte sich noch weiter hinab und tat so, als wollte sie einen Stein aufheben. Sie zischte:

„Höhle hat noch anderen Ausgang.“

Ehe Heike nachfragen konnte, war Ana aufgestanden und zu

den anderen Frauen gegangen. Die Neandertaler waren schon abmarschbereit, und Boto drängte zum Aufbruch. Mit brennenden Ästen als Fackeln zogen sie los, Heike und Thomas in ihrer Mitte.

Jeder Schritt fiel Heike schwer. Unwillkürlich griff sie nach dem Amulett, das Ana ihr geschenkt hatte. Sie glaubte nicht daran, daß der Knochensplitter sie vor Unheil bewahren konnte. Viel wichtiger war das, wovon Ana gesprochen hatte: Der zweite Höhlenausgang!

Der Weg kam Heike endlos vor. Der Mond stand am Himmel, ein seltsam vertrautes Bild. Er hatte sich in den dreißigtausend Jahren nicht verändert. Einen Moment lang war Heike davon überzeugt, alles müsse ein böser Traum sein. Vielleicht erwachte sie morgen früh im eigenen Bett . . .

Da hielt der Zug. Sie waren an einer Felswand angekommen. Die Öffnung im Gestein war trotz der Dunkelheit deutlich zu erkennen.

‚Es sieht wie ein Mund aus‘, schoß es Heike durch den Kopf. ‚Ein weit aufgerissenes Maul, das uns gleich verschlingen wird . . .‘

Sie spürte kaum, wie sich Thomas’ Hand in die ihre schob. Die Angst lähmte sie.

Boto rief nach dem Bären. Der Singsang der Neandertaler, der gleich darauf einsetzte, war betäubend. Sie verehrten den Bären als Gott, und das Opfer, das sie ihm brachten, sollte ihn milde stimmen . . .

Jemand drückte Thomas eine Fackel in die Hand. Dann wurden die beiden Kinder in die Öffnung gestoßen. Ein Knirschen und Krachen hinter ihnen verriet, daß man den Eingang mit einem großen Stein verschlossen hatte. Der Weg zurück war versperrt.

„Drei Tage“, sagte Thomas tonlos.

Die Fackel warf gespenstische Schatten. Heike war bleich, als sie murmelte: „Vielleicht ist er gar nicht in der Höhle . . .“

Es war eine schwache Hoffnung, an die sie sich klammerten.

Thomas' Nasenflügel bebten. „Merkst du was?"

Jetzt nahm auch Heike den scharfen Geruch wahr. So roch es im Raubtierhaus eines Zoos, wenn lange nicht gelüftet worden war.

„Es stinkt!"

Damit erübrigte sich die Frage, ob die Höhle wirklich von einem Bären bewohnt war.

„Ob er in der Nähe ist?" flüsterte Heike.

„Zu sehen ist nichts", gab Thomas ebenso leise zurück. Der Fackelschein reichte nur wenige Meter weit. „Aber wir müßten ihn hören, wenn er da wäre."

Zögernd wagten sie sich weiter ins Höhleninnere. Der Raum verengte sich zu einem Gang.

„Und wenn uns der Bär entgegenkommt?"

Thomas gab keine Antwort. Heike erinnerte sich schaudernd an das riesige Bärenskelett. ‚Wir müssen den zweiten Höhlenausgang finden', dachte sie inbrünstig. ‚Wir müssen!'

Je weiter sie in die Höhle vordrangen, ohne dem Bären zu begegnen, desto größer wurde ihre Zuversicht. Vielleicht hielt sich das Tier in einem ganz anderen Teil der Höhe auf, oder es war krank und unfähig anzugreifen. Thomas machte Heike darauf aufmerksam, wie schnell die Fackel niederbrannte.

„Keine Ahnung, wie lange sie reicht. Im Notfall haben wir ja noch meine Taschenlampe, aber die Batterie ist schon recht schwach."

Der Gang führte plötzlich ziemlich steil in die Tiefe. Sie gelangten in einen großen unterirdischen Raum und hielten vor Überraschung den Atem an, als sie die prächtigen Tropfsteingebilde sahen: Es war ein märchenhafter Palast mit funkelnden Zapfen und Säulen. Für einen Augenblick vergaßen die Kinder ihre Angst und staunten.

„Unglaublich", stieß Thomas hervor. „Das Schönste, was ich bisher gesehen habe."

Sie gingen zwischen den Tropfsteinen hindurch. Heike streckte immer wieder die Hand aus, um die Steine zu berühren, als könnte sie so den wunderbaren Glanz festhalten und mitnehmen. Es war eine unwirkliche, zauberhafte Welt, und sie konnten sich nur schwer von dem Anblick trennen.

„Die Fackel“, warnte Thomas. „Wir stehen sicher in ein paar Minuten im Dunkeln.“

Sie wählten den mittleren der abzweigenden Gänge. Nach einer Weile wurde dieser immer enger, und einmal entdeckten die Kinder ein paar Knochen auf dem Boden.

„Vielleicht von einem Bärenjungen“, vermutete Thomas. „Oder von einem anderen Tier.“

„Bist du sicher, daß es ein Tier war?“ fragte Heike. Die Angst kehrte zurück. Sie spürte, wie sich die Härchen an ihren Armen aufstellten. Da war er wieder, dieser eigenartige Geruch, ganz nah und intensiv . . .

Thomas zerrte Heike durch eine Seitenöffnung. „Hier entlang, rasch!“

„Hast du den Bären gesehen?“ keuchte Heike.

„Nein, aber dem Gestank nach sind wir direkt auf ihn zugelaufen.“

Sie waren jetzt sehr vorsichtig, schlichen auf Zehenspitzen und wagten kaum zu atmen. Immer wieder blieben sie stehen, um zu lauschen und zu riechen. Schließlich waren sie überzeugt, daß sie die gefährliche Stelle hinter sich gelassen hatten.

„Schau, ein Luftzug.“ Thomas wies auf die Fackel. Die Flamme bewegte sich. „Irgendwo muß eine Öffnung sein.“

‚Der zweite Ausgang‘, dachte Heike hoffnungsvoll.

Wieder gelangten sie in einen größeren Raum. Thomas hob die Fackel, um die Halle auszuleuchten. Und im selben Augenblick, als sie den Bären sahen, entdeckte das Tier sie.

Heikes Herzschlag stockte. Es war ein Koloß von Bär, die Augen winzigklein und ohne Regung. Er blickte die Kinder an und hob sich dann langsam auf seine Hinterbeine.

‚Man kann die Stimmung eines Bären nie an seinen Augen ablesen‘, erinnerte sich Heike. Das hatte sie irgendwann einmal gelesen. Der Kopf des Tieres schien die Decke zu berühren. Es war der gewaltigste Bär, den Heike je gesehen hatte.

Thomas packte sie am Arm. „Lauf!“

Heike stolperte los. Sie hatte keine Ahnung, in welche Richtung sie liefen. Nur in keine Sackgasse geraten! Dann waren sie verloren!

Der Bär war schnell. Heike spürte seinen Atem hinter sich. Er brauchte bloß noch seine Pranke auszustrecken . . . In panischer Angst schlugen Heike und Thomas einen Haken und gewannen einige Meter Vorsprung. Sie kamen in einen Raum mit einer Senke. Dort waren trockene Zweige und Äste ausgebreitet. Mühsam arbeiteten sich die Kinder durch das Hindernis und verloren wertvolle Zeit. Da hatte Thomas eine Idee.

Er schleuderte die Fackel in den Reisighaufen. Die dürren Äste fingen sofort Feuer. Lichterloh loderte das ehemalige Winterlager des Bären auf – und stoppte das Tier.

Der Bär brüllte vor Wut. Heike und Thomas retteten sich auf die andere Seite.

Heike warf einen Blick zurück. Der Bär stand auf den Hinterbeinen, vor ihm der brennende Reisighaufen. Die Flammen erhellten den ganzen Raum. Es war ein gespenstisches Bild.

„Ich hab' etwas entdeckt", keuchte Thomas. Der Rauch reizte seine Lungen. „Hier, ein ganz schmaler Gang. Da kommt er nicht durch, aber wir! Schnell!"

Die Kinder zwängten sich mühsam in das Loch. Hinter sich hörten sie das wütende Brüllen des Bären und das Prasseln des Feuers. Sie krochen immer tiefer in die Wand. Erst nach einigen Metern wagten sie zu verschnaufen. Jetzt war es sicher, daß der Bär ihnen nicht mehr folgen konnte.

„Das war haarscharf!", murmelte Heike. Die Kinder waren völlig erschöpft. Es dauerte eine Weile, bis ihr Puls sich beruhigte und sie wieder normal atmen konnten. Inzwischen brannte das Feuer nieder. Sie hörten, wie sich der Bär an der Öffnung zu schaffen machte und ärgerlich brummte. Dann gab er es auf und trottete davon.

„Er ist weg", stieß Heike erleichtert aus.

„Nun müssen wir nur noch aus dieser verdammten Höhle rausfinden", erwiderte Thomas.

Im Schein seiner Taschenlampe krochen sie auf allen vieren weiter. Nach einer Ewigkeit mündete der Gang in ein Gewölbe. In der Mitte der Halle strömte ein klarer Fluß.

Thomas und Heike sahen sich an.

„Weißt du, was ich glaube?"

Heike nickte. „Es ist die Höhle von Onkel Ambrosius. Dort drüben ist sogar die Insel, das heißt, dort ist das, was einmal die Insel werden wird."

„Eigentlich müßten wir jetzt aus der Höhle herausfinden", meinte Thomas.

Sie gingen den Weg, an den sie sich erinnerten. Es sah alles ein bißchen anders aus. Die Tropfsteine waren viel kleiner, manche Gänge schienen neu. Doch es war unverkennbar dieselbe Höhle.

Heike berührte die schmale Säule, die einst der „Dom" werden würde. Noch war ziemlich wenig von der zukünftigen Pracht zu erkennen.

Wenige Minuten später hatten die Kinder den Ausgang erreicht und gelangten ins Freie. Kühle Morgenluft empfing sie. Es begann eben, hell zu werden.

Heike und Thomas kletterten den Hügel hinauf.

„Dort drüben wird einmal Werthausen liegen", sagte Heike. „Leider erst in dreißigtausend Jahren . . ."

Söhne des großen Feuers

„Verflixt und zugenäht!“ schimpfte Professor Ambrosius, als sein Speer den Baum meterweit verfehlte. „Das gibt’s doch nicht! Irgend etwas stimmt damit nicht, der Holzstiel ist verzogen oder der Schwerpunkt nicht richtig ausbalanciert . . .“

Er hockte sich niedergeschlagen auf einen Stein. Menem, der bei der Feier einstimmig zum neuen Anführer der Cromagnon-Menschen gewählt worden war, trat neben ihn.

„Du bist ein miserabler Jäger, gib es zu.“

Der Professor antwortete nicht.

„Einmal verfehlt, gut, das kann jedem passieren. Aber so, wie du den Speer schleuderst . . . Man könnte meinen, du hättest noch nie einen in der Hand gehabt.“

„In der Schule war ich im Werfen aber ganz gut“, verteidigte sich der Erfinder.

„Schule?“ fragte Menem nach.

„Ach, vergiß es.“ Der Professor stand auf. „Ich schwöre, es liegt am Speer.“

Menem ging hin, hob den Speer auf, kehrte zurück und schleuderte ihn vom gleichen Platz aus, wo zuvor der Professor gestanden hatte. Die Spitze drang mitten in den Stamm und blieb stecken.

„Okay, okay, du bist besser“, sagte Professor Ambrosius. „Ja, gut, ich gebe es zu, ich bin ein schlechter Jäger. Mehr noch, ich bin überhaupt kein Jäger. Ich kann’s nicht, tut mir leid. Euren braunen Riesen werdet ihr ohne mich jagen müssen, und wenn ihr das Vieh zehnmal verhext oder verzaubert habt. Ich treffe das Mammut bestimmt nicht, und ich seh’ nicht ein, warum ich mich aus Spaß ein bißchen aufschlitzen lassen soll.“

Menem runzelte die Stirn. „Die Jagd macht dir also keine Freude? Hast du keinen Mut?“

„Mut!“ schnaubt der Professor. „Das ist es ja, was mich so ärgert: Ihr denkt immer gleich, wenn einer nicht jagen will, dann hat er keinen Mut. Dabei gibt es tausend andere Möglichkeiten, mutig zu sein."

„Hm . . ." Menem rieb sich das Kinn. „Natürlich messen wir die Tapferkeit eines Mannes daran, wie gut er jagen kann." Er schaute den Professor an. „Es scheint dort, wo du herkommst, anders zu sein als bei uns. Aber wie lebst du dann? Jagt deine Frau für dich?"

„Ich habe keine Frau", murmelte der Professor. „Ich will auch keine", baute er gleich vor, denn es reichte ihm noch, daß Billa ihn hatte heiraten wollen. Schweren Herzens hatte sie sich dann doch für Sullu entschieden. „Wir leben ganz anders als ihr. Es ist schwierig zu erklären. Unser Fleisch kaufen wir beim Metzger. Mein Geld verdiene ich damit", er tippte sich an den Kopf. „Das heißt, eigentlich lebe ich von meiner Pension."

Menem starrte ihn mit offenem Mund an. Es war ganz klar, daß er kein Wort verstand. Professor Ambrosius seufzte.

„Also gut, ich habe eine Frau, die für mich jagt. Frau Schneider. Die jagt nämlich immer den Sonderangeboten hinterher. Deswegen brauche ich auch keine Speere zu schleudern, sondern es reicht, wenn ich einen Scheck ausschreibe."

Menem blickte den Professor mit neuer Achtung an. Dieser zuckte mit den Achseln. „Mal sehen, was Michael macht."

Michael stand vor der Höhle und hörte gespannt zu, wie ein Cromagnon-Junge von der letzten Mammutjagd erzählte.

„Zuerst haben wir das Tier in die Enge getrieben. Es ist ein gefährlicher Einzelgänger. Dieses Tal ist gut geeignet zur Jagd, wir kommen jedes Jahr hierher. Wir haben dem braunen Riesen den Rückweg abgesperrt. Ubolin hat den Speer geschleudert. Doch er hat den braunen Riesen nur verwundet. Ich weiß nicht, wer von den beiden wütender war. Ubolin wollte den braunen Riesen um jeden Preis besiegen. Er hat ihn schon letztes Jahr nicht gekriegt. Aber das

Tier –" Der Junge brach irritiert ab, als der Professor neben ihn trat.

„Laß dich nicht stören. Erzähl nur weiter."

Doch der Junge murmelte etwas von dringender Arbeit, packte seinen Holzspeer und verschwand.

„Hast du etwas über Heike und Thomas herausgefunden?"

Michael, noch ganz in Gedanken bei dem Mammut, schüttelte den Kopf.

„Junge, hoffentlich vergißt du bei diesem ganzen Gerede um Jagd und Tapferkeit nicht, warum wir hier sind", murmelte der Professor.

„Nein, nein, bestimmt nicht", antwortete Michael. „Toto sagt, daß die Späher bald zurückkommen müssen. Sie wollten herausfinden, wohin das Mammut inzwischen gezogen ist. Vielleicht haben die Späher auch meine Schwester und Thomas entdeckt."

„Ich habe ein ganz schlechtes Gewissen", gestand Professor Ambrosius. „Wir leben hier seit vorgestern ganz gemütlich bei diesen Leuten, und den anderen beiden kann inzwischen weiß Gott was zugestoßen sein."

„Aber du hast doch selbst gesagt, daß wir nichts anderes tun können als abzuwarten."

„Ich hatte gehofft, daß wir die Leute hier zu einer gemeinsamen Suchaktion überreden könnten. Die verstehen sich ja so gut aufs Fährtenlesen. Aber das einzige, was sie momentan im Kopf haben, ist dieses gottverdammte Mammut."

„Und was schlägst du vor, Onkel Ambrosius? Sollen wir mit Moorteufel das ganze Tal durchsuchen?"

Der Professor warf einen kurzen Blick auf den Hund, der neben Michael auf dem Boden ausgestreckt lag. „Nicht, daß ich an seiner Spürnase zweifle. Aber wer garantiert uns, daß Thomas und Heike nicht gerade dort auftauchen, wo wir eben erst gesucht haben? Und zum systematischen Durchkämmen dieser Gegend sind zwei Leute eben zu wenig. Ich überlege schon die ganze Zeit, ob ich die Zeitmaschine irgendwie einsetzen kann. Ein Hubschrauber wäre jetzt viel sinnvoller.

Doch wenn sich die beiden in einer Höhle aufhalten, nützt er uns auch nichts."

„Also was?" fragte Michael unentschlossen.

Professor Ambrosius holte tief Luft. „Wenn die Späher auch nichts wissen, fahren wir mit der Zeitmaschine zurück, und ich gebe noch einmal alle Daten in den Computer, die wir über Heikes und Thomas' Verschwinden haben. Und wenn dieser Trottel von Archie nicht genauer arbeitet, dann –"

„Dann?"

„Dann weiß ich auch nicht", sagte Professor Ambrosius niedergeschlagen und hockte sich neben Moorteufel auf den Boden. „Da hat man die perfekteste aller Zeitmaschinen erfunden, und kaum will man zeigen, was sie kann, geht alles schief. Es ist zum Graue-Haare-Kriegen!"

„Die hast du doch schon", bemerkte Michael.

„Wann sollen diese verflixten Späher zurück sein?" fragte der Erfinder nach einer Pause.

„Toto meint, bis heute abend."

„Gut, dann warten wir noch solange."

Bei Sonnenuntergang kehrte der erste Späher zurück. Er trug eine Reihe von Holzstäben. Die Kerben darauf dienten als Gedächtnisstütze, wann und wo er jagbares Wild ausgemacht hatte.

„Rentiere im Norden. In einem Seitental, nicht weit von hier, Wildschweine und Rotwild. Der braune Riese ist westwärts weitergezogen", faßte Professor Ambrosius zusammen. „Ich bezweifle ja nicht, daß die Information für diese Leute sehr wichtig ist. Bloß uns nützt sie nichts."

Die Enttäuschung in seiner Stimme war nicht zu überhören.

„Vielleicht weiß der andere Späher mehr", sagte Michael.

Es war schon lange dunkel, als auch der zweite Späher zurückkam. Es war jener, der dem Mammut nach Westen gefolgt war. Er brachte aufregende Nachrichten.

„Im Westen sind lauter Plattstirnler!"

„Was?" fragte Menem. „Plattstirnler in unserem Tal?"

Die Neuigkeit verursachte große Unruhe unter den Cromagnon-Menschen. Alle redeten durcheinander. Sie sahen das Tal als ihr Gebiet an, und ihrer Meinung nach hatten die Plattstirnler kein Recht, dort einzudringen. Sie seien halbe Tiere, wild und grausam und hätten unmögliche Jagdmethoden, die das übrige Wild scheu machten. Außerdem seien sie unfähig, richtig zu reden und äßen das Gehirn ihrer Toten, weil sie glaubten, daß die Kraft dann in sie übergehe.

Michael und der Professor wechselten einen Blick.

„Glaub nicht alles", flüsterte der Erfinder. „Vieles davon ist sicher nur ein Gerücht. Die Plattstirnler gelten als Feinde der Cromagnon-Menschen, und es ist klar, daß man von seinen Feinden nur das Allerschlimmste denkt."

Aber kurz darauf erstarrte er, denn der Späher erzählte, er habe gesehen, wie zwei Plattstirnler am Nachmittag zwei Leute ohne Fell abgeschleppt hätten.

„Sie hatten blaue Beine und trugen keine Bärte. Der eine hatte lange Haare, und der andere war an der Stirn verwundet."

Michael spürte, wie sein Herzschlag stockte. Blaue Beine – das waren die Jeans von Heike und Thomas!

„Wie . . . verwundet?" fragte der Erfinder tonlos.

Der Späher konnte jedoch nichts Genaueres berichten, die Entfernung sei zu groß gewesen.

„Und wohin hat man sie gebracht?" Michael ächzte.

„Ich weiß nicht. Sicher zum Lager der Plattstirnler", antwortete der Späher.

„Wenn sie gewagt haben, ein Lager zu errichten, dann werden wir es ausräuchern!" Menem stampfte erzürnt auf dem Boden auf. „Wir dulden keine Plattstirnler in unserem Tal! Sie jagen unser Wild! Sie sind auch schuld, wenn wir den braunen Riesen wieder nicht erwischen!"

Er erntete heftige Zustimmung. Die Urmenschen steigerten sich immer mehr in ihre Wut hinein. Bald darauf stand der Plan fest: Man würde im Morgengrauen aufbrechen, um es den Plattstirnlern nach Kräften heimzuzahlen. Diejenigen, die vielleicht entkamen, würden sich ganz bestimmt nicht mehr im Tal blicken lassen.

Michael und der Erfinder standen an der Höhlenwand und hörten fassungslos zu.

„Meine Güte“, brummte Professor Ambrosius. „Das sind ja die reinsten Berserker! Und so was nennt sich homo sapiens sapiens! Dabei haben die jetzt noch gar keinen Tropfen von ihrer Spezial-Mutmach-Mischung getrunken.“

„Die sind auch so schon genug angetörnt“, murmelte Michael.

„Das Wort ‚Plattstirnler‘ genügt, und die Vernunft setzt aus“, stellte der Professor fest. „Wenn sie morgen früh tatsächlich das Lager überfallen, und Heike und Thomas sind dort . . .“ Er brach ab.

„So wütend, wie die Kerle sind, nehmen sie's bestimmt nicht besonders genau damit, wem sie den Schädel einhauen“, sagte Michael düster.

„Wir müssen etwas tun, Junge!“ meinte der Professor. „Streng' deine Gehirnzellen an und überleg dir, wie wir Heike und Thomas am besten aus dem Neandertallager herausboxen – und zwar ohne Menem und seine Horde!“

„Wir nehmen die Zeitmaschine“, sagte Michael ohne Zögern.

„Klar, aber was machen wir, wenn die Neandertaler Heike und Thomas nicht freiwillig rausrücken? Damit müssen wir rechnen.“

„Mir fällt bestimmt etwas ein“, versprach Michael. Eine Viertelstunde später zupfte er den Professor am Ärmel. „Ich hab' mir da was ausgedacht . . . hm . . . könnte klappen, glaub' ich . . .“

Es dauerte in dieser Nacht lange, bis sich die Cromagnon-Menschen zur Ruhe gelegt hatten. Am liebsten wären sie gleich losgezogen, doch Menem konnte seine Leute schließlich davon überzeugen, daß sie viel größere Chancen hatten, wenn sie frisch und ausgeruht waren.

Der Professor und Michael warteten, bis alle eingeschlafen waren. Dann erhoben sie sich leise von ihrem Lager, stiegen vorsichtig über die anderen hinweg und näherten sich dem Höhlenausgang. Sie hatten ihn fast erreicht, als sich Billa plötzlich aufsetzte. Sie blinzelte den Professor schlaftrunken an und brummte etwas Unverständliches.

„Äh . . . wir müssen nur mal raus", murmelte der Professor. Billa gab sich damit zufrieden und sank wieder um. Erst als sie draußen waren, wagte Michael wieder zu atmen.

„Pfff, ich hab' schon gedacht, sie verdirbt uns alles. Den Cromagnon-Leuten paßt es bestimmt nicht, daß wir still und heimlich verschwinden. Schließlich haben sie uns so gastfreundlich aufgenommen."

„Pah, jetzt werde bloß nicht rührselig", erwiderte Professor Ambrosius. Der Mond stand über dem Hügel, und sein Licht reichte gerade aus, daß der Professor die Tasten seiner Fernbedienung erkennen konnte. Er tippte eine Zahlenkombination ein.

„So, hoffen wir, daß alles funktioniert!"

Bange Sekunden lang geschah gar nichts. Michael fragte sich schon, was jetzt wohl wieder schiefgegangen war. Da flimmerte die Luft. Hundertfach spiegelte und reflektierte die Zeitmaschine das Mondlicht, dann blieb sie zwei Meter von den Zeitreisenden entfernt stehen.

„Hab' ich zuviel versprochen?" sagte der Erfinder stolz. „Siehst du, sie ist jederzeit einsatzbereit."

Die Einstiegsluke glitt auf, Moorteufel sprang als erster hinein. Michael und der Professor kamen nach. Der Erfinder drückte auf eine Taste.

„Hallo, Archie, alles klar?"

„Hallo, Ambrosius, alles okay", gab Archie genauso munter zurück, und der Professor zuckte ein wenig zusammen.

„Hör zu, Archie, jetzt stelle ich einige Anforderungen an deinen Grips . . ."

Archie unterbrach ihn. „Verzeihung, Anforderungen an meine Relais bitte. Ich habe keinen Grips."

Der Erfinder ließ sich nicht beirren. „Wenn du dich erinnerst, oder vielmehr wenn dein Speicher nicht gelöscht ist, so hab' ich dir einmal einen geologischen Plan dieser Gegend hier eingegeben. Du kennst die mutmaßliche Lage von Höhlen. Jetzt check bitte alle ab, die ungefähr fünf Kilometer westlich von hier liegen."

Der Bildschirm schaltete sich ein. Es erschien ein komplizierter geologischer Lageplan. Kleine rote Pfeile huschten hin und her.

„Und jetzt bringst du die Daten ein, die du über Heikes und Thomas' Verschwinden hast", befahl der Professor. „An welchem nächstgelegenen Ort, glaubst du, können sich ungefähr zwanzig bis dreißig Leute aufhalten?"

Archie schwieg. Die Pfeile auf dem Bildschirm bewegten sich langsamer und konzentrierten sich schließlich auf drei Punkte.

„Drei Orte lassen sich mathematisch berechnen", antwortete Archie. „Ich übernehme jedoch keine Gewähr dafür, daß diese Orte tatsächlich bewohnt sind. Menschen haben oft seltsame Vorlieben, beispielsweise für eine schöne Aussicht. Das kann ich natürlich nicht bedrücksichtigen."

„In Ordnung, Archie", sagte der Professor. „Ich weiß ja, daß du dein Bestes tust. Drei Orte, sagst du? Dann bring uns hin. Aber bitte nacheinander und nicht gleichzeitig!"

Die Luke glitt zu und gleich darauf wieder auf. Michael wollte protestieren. „Wir sind doch noch gar nicht . . . o doch . . . äh . . ."

Obwohl es draußen ziemlich finster war, erkannte er, daß sich die Gegend verändert hatte. Sie waren in einer engen Schlucht. Links und rechts ragten schroffe Felswände auf. Es war ein klammer, ungemütlicher Ort, und sicher würde sich keine Menschenseele freiwillig hier aufhalten.

„Fehlanzeige", sagte der Professor. „Weiter!"

Die Luke schloß sich erneut. Als sie sich kurz darauf wieder öffnete, unterdrückte Michael einen Schrei. Diesmal hatte sich Archie nicht geirrt. Sie waren in einer Senke gelandet. In einiger Entfernung brannte ein Lagerfeuer, und die Zeitreisenden sahen die dunklen Gestalten, die ringsum am Boden lagen. Ein Mann, offenbar ein Wächter, saß am Feuer. Er kehrte der Zeitmaschine den Rücken zu und hatte sie noch nicht entdeckt.

„Siehst du Heike und Thomas irgendwo?“ flüsterte der Professor.

„Nein“, gab Michael leise zurück. „Aber es ist schwer, überhaupt etwas zu erkennen.“

„Na gut, dann ziehen wir unser Programm jetzt ab“, entschied der Erfinder und streckte die Hand nach einem Schalter aus.

„Halt!“ Michael fiel ihm in den Arm. „Brauchen wir keine neuen Sprachpillen?“

„Nein. Solange sie wirken, lernen wir jede weitere Sprache ebensoschnell. Das ist auch ein Vorteil meiner neuen Pillen. – Bist du bereit, Michael?“

Der Junge nickte. Professor Ambrosius drückte den Schalter herunter. Zwei starke Scheinwerfer flammten über der Einstiegsluke auf und tauchten die schlafenden Neandertaler in grelles Licht.

Der Wächter fuhr herum, stieß einen Schrei aus und schützte seine Augen mit dem Arm.

„Feuer!“ brüllte er. „Hilfe! Feuer fallen vom Himmel!“

Die anderen regten sich. Manche sprangen auf, Angst und Schrecken in den Gesichtern.

„Wieder ein böser Traum! Wie neulich von Höhle!“ schrie ein Neandertaler in Panik.

„Trink weniger, dann keine bösen Träume mehr!“ brummte eine Frau schlaftrunken. Doch als sie sich aufsetzte, weiteten sich ihre Augen vor Schreck. „Nein!“

Jetzt erschien der Professor in der Luke und rief mit dröhnender Stimme: „Wir sind Söhne des großen Feuers. Gebt sofort die beiden Gefangenen heraus!“

Alle Neandertaler waren inzwischen aufgestanden und starrten auf die Zeitmaschine. Sie konnten nicht begreifen, was da vor ihren Augen passierte. Was hatte das zu bedeuten? Ein Unglück, eine Katastrophe? Oder wollte sich eine überirdische Macht an ihnen rächen? Schweigend verharrten die Neandertaler. Keiner traute sich zu rühren.

Boto, der Anführer, trat schließlich vor. Wenn einer etwas sagen mußte, dann er.

„Was wollt ihr?" Die Frage kam scheu und stockend. Boto stand da mit gesenktem Kopf. Das helle Licht blendete ihn, und er wagte nicht, die Fremden anzuschauen. Selbst wenn sie aussahen wie die „langen Menschen", sie schienen sehr viel Macht zu besitzen.

„Es sind Kinder bei euch", dröhnte die Stimme wieder. „Ein Junge und ein Mädchen. Wenn ihr sie versteckt habt, dann gebt sie heraus."

Kein Zweifel, sie meinten die Kinder in der Bärenhöhle! Boto begann zu zittern. Der Schweiß brach ihm aus, und er konnte nur noch wirre Worte stammeln. Obwohl er es nie zugegeben hätte, war er froh, als sich Ana neben ihn stellte.

„Kinder in Höhle des großen Bären." Sie neigte demütig den Kopf.

„Was? In einer Bärenhöhle?" schrie der Professor.

Mit abgehackten Sätzen erzählte Ana alles, was geschehen war. Sie berichtete von Thomas' Verletzung und wie sie ihn gepflegt und die Kinder mit Nahrung versorgt hatten. Boto hörte es zum ersten Mal. Er ballte unwillkürlich die Fäuste. Welche Eigenmächtigkeiten hatte sich Ana da herausgenommen. Sie hatte gegen alle Regeln des Stammes verstoßen! Und jetzt gab sie auch noch zu, daß sie versucht hatte, die Kinder vor dem Tod zu bewahren. Das war also der wahre Grund für das Bärenopfer gewesen!

Doch jetzt war keine Zeit, auf Ana zornig zu sein.

„Bringt uns sofort zur Bärenhöhle!" forderte der Professor. Er zischte Michael zu: „Verflixt und zugenäht, hoffentlich kommen wir noch nicht zu spät!"

„Ich euch zeigen Weg", sagte Ana. „Kommt mit."

„Wir gehen zu Fuß." Der Professor sah sich suchend um.

„Die beiden Handlampen dort drüben nehmen wir mit. Ich glaube, vor elektrischem Licht hat die Bande da draußen großen Respekt. Gib mir eine von den Lampen, danke."

Sie stiegen aus. Die Luke schloß sich. Michael bemühte sich, seine Unsicherheit nicht zu zeigen. Hoffentlich war es kein Fehler, die Zeitmaschine zu verlassen. Moorteufel hielt sich dicht an Michaels Seite, bereit, jeden anzuknurren, der dem Jungen zu nahe kam. Aber die Neandertaler hielten ohnehin Abstand von den Fremden.

Der Professor und Michael folgten Ana, die voranging. Ein paar Neandertaler schlossen sich dem Zug an. Einmal warf der Erfinder einen Blick zurück. Jetzt, da die Zeitreisenden die Maschine verlassen hatte, wurde der Kreis der Neandertaler um das Gefährt enger. Die Neugier siegte über die Furcht. Einer streckte sogar die Hände aus, um die Zeitmaschine zu berühren.

„Nein, nein, Freundchen", murmelte der Professor und tastete nach der Fernbedienung. „Sicher ist sicher. Lieber kein Risiko eingehen!" Er drückte auf eine Taste, und die Zeitmaschine verschwand vor den Augen der Neandertaler. Die Urmenschen waren fassungslos. Ein Neandertaler ließ sich auf die Knie nieder und tastete den Boden ab, um herauszufinden, wohin die Zeitmaschine verschwunden war.

Ana führte die Zeitreisenden zielstrebig zur Höhle. Michael und der Professor hatten manchmal Mühe, ihr Tempo mitzuhalten. Schließlich erreichten sie den Eingang. Michael stockte der Atem, als er den großen Stein sah. Es war unmöglich, daß ein einzelner Mensch den Stein auch nur einen einzigen Millimeter von der Stelle bewegen konnte. Thomas und Heikes Schicksal schien besiegelt. Man brauchte nicht viel Phantasie, um sich vorzustellen, was ein wütender Höhlenbär mit ihnen machen würde.

Michael fühlte sich elend. „Wenn wir nur früher gekommen wären . . ."

Eine Gruppe von kräftigen Neandertalern wälzte den Stein weg. Dann standen sie im Halbkreis vor dem Höhleneingang und warteten. Ein paar Nachzügler brachten Fackeln.

„Was jetzt?“ fragte Professor Ambrosius. „Reingehen?“

Michaels Antwort hörte er nicht, denn in diesem Augenblick ertönte im Höhleninnern wütendes Gebrüll. Sekunden später kam der Bär heraus. Drohend stellte er sich auf die Hinterbeine. Seine Gestalt war furchterregend. Der Bär überragte den größten Neandertaler um mehr als einen Meter. Körper und Pranken waren riesig. Michael sah die kräftigen Krallen und wich zurück.

Was für ein Koloß! Ein Geschöpf wie aus einem Horrorfilm! Ein Prankenhieb würde genügen, um einen Menschen zu zerschmettern!

Doch warum ging der Bär nicht weiter? Fürchtete er sich etwa vor den brennenden Fackeln? Er brummte unwillig. Einen Augenblick lang sah es so aus, als wollte er sich auf alle viere fallen lassen, aber dann reckte er sich erneut empor.

Ana stimmte einen einschläfernden Singsang an. Die anderen Neandertaler fielen ein. Keiner wich von der Stelle.

‚Sie halten den Bären tatsächlich für einen Gott‘, schoß es Michael durch den Kopf. Im gleichen Moment fühlte er, wie sich eine kleine, behaarte Hand in die seine schob. Er sah zur Seite. Ula stand neben ihm.

„Ula!“ stieß Michael überrascht aus.

„Ich weiß zweiten Eingang“, sagte Ula. „Komm.“ Sie zog den Jungen mit. Auch der Professor begriff sofort. Vielleicht waren Heike und Thomas doch noch nicht verloren!

Ula sprang leichtfüßig über das Gestein, wartete, bis der Erfinder und Michael nachgekommen waren und lief dann weiter. Ohne Schwierigkeiten, so als hätte sie es schon tausendmal gemacht, kletterte sie einen steinigen Hang hinauf und balancierte oben auf den Felsen entlang – eine kleine, zottige Gestalt im Mondschein.

Michael und der Professor keuchten, als sie oben ankamen. Nur Moorteufel schien die Kletterei nichts auszumachen.

„Ist es noch weit?“ wollte der Professor wissen.

Ula schüttelte den Kopf. „Gleich da.“ Sie legte verschwörerisch die Finger an die Lippen. Nur sie und Ana kannten den zweiten Eingang. Ula hatte die Öffnung im vorigen Sommer entdeckt, als sie einem Wolfsjungen nachgelaufen war, das ihr Spielgefährte gewesen war. Der junge Wolf war in eine Felsspalte gefallen, und Ula hatte Anas Hilfe benötigt, um das Tier herauszuholen. Inzwischen war der Wolf groß geworden, und Boto hatte ihn weggebracht. Ula war darüber sehr traurig gewesen.

Dies alles erzählte das Kind, während es über die Steine hüpfte.

Endlich waren sie da.

Es war ein kleines, unscheinbares Loch im Boden, gerade breit genug, daß sich ein Erwachsener hindurchzwängen konnte.

„Da runter?" Der Professor zögerte.

Ula versicherte, durch das Loch würde man direkt in die Bärenhöhle gelangen, es sei überhaupt nicht schwer.

Eigentlich mochte der Professor solche Kraxeleien gar nicht. Er gab sich einen Ruck. „Also los." Er leuchtete mit der Handlampe ins Loch, dann kletterte er hinein. „Hoffen wir das Beste!"

Michael wartete, bis der Erfinder festen Boden unter den Füßen hatte. „Kannst du jetzt Moorteufel nehmen?"

„Ich kann alles", dröhnte es von unten herauf.

„Ula, hältst du mal eben die Lampe?" bat Michael, während er Moorteufel behutsam ins Loch bugsierte. Doch Ula antwortete nicht. Als Michael den Kopf wandte, war das Mädchen verschwunden. Er entdeckte die schattenhafte Gestalt weit in der Ferne. Ula lief den Weg zurück, ohne sich ein einziges Mal umzudrehen.

„Den Hund hab' ich", kam es von unten. „Soll ich dich auch auffangen?"

„Nicht nötig", antwortete Michael und schwang sich mit einem Seufzer über den Rand.

Es war wirklich nicht so schwer, wie es von oben ausgesehen hatte. Durch eine Art Röhre gelangten die beiden immer tiefer ins Felseninnere. Der Rand bot genug Vorsprünge, wo

sie sich abstützen konnten. Selbst Moorteufel kam gut zurecht. Das letzte schräge Stück rutschte er elegant auf allen vieren hinab, während der Erfinder und Michael den Hosenboden benutzten.

Sie landeten in einem Raum, von dem mehrere Gänge abzweigten.

Der Professor formte seine Hände zu einem Trichter und brüllte: „Heike! Thomas!“

Doch als Antwort kam nur das Echo zurück. Professor Ambrosius versuchte es noch einmal.

„Eigentlich müßten sie uns hören, vorausgesetzt, sie sind nicht –“

„Taub“, fiel ihm Michael ins Wort.

„Das wollte ich sagen. Du gehst nach rechts und ich nach links. Wir bleiben in Rufweite.“

Michael war froh, daß Moorteufel ihn begleitete. Die Handlampe erleuchtete den Gang. Der Junge entdeckte ein paar Holzkohle-Kritzeleien an der Wand. Im ersten Moment hoffte er, daß Heike und Thomas eine Nachricht hinterlassen hätten, doch dann sah er, daß die Zeichnung ganz unbeholfen und offenbar schon älter war. Michael ging weiter und stieß nach ein paar Ecken auf die Losung eines Tieres. Moorteufel knurrte.

„Kein Grund zur Aufregung, mein Guter, das Zeug da ist schon uralt“, beruhigte Michael den Hund.

„Michael!“ Der Professor rief nach ihm.

„Ich bin hier. Hast du was gefunden?“

„Ich hab’ mir eben den Knöchel verstaucht!“ Die Stimme des Erfinders klang gequält.

„Warte, ich komm’ rüber.“ Michael versuchte erst, durch einen Seitengang vorzudringen, aber der Gang hörte plötzlich auf, und der Junge stand vor einer Wand. Michael mußte den langen Weg zurücklaufen, bis er den Professor erreichte.

Der Erfinder hockte am Boden, hatte die Socke zurückgerollt und begutachtete seinen rechten Knöchel, der bereits anschwoll.

„Ich bin auf einen Stein getreten und umgeknackst. Ausgerechnet jetzt! Ich bin wirklich ein Pechvogel!"

Michael zog ihn auf. Der Professor stützte sich auf den Jungen und humpelte den Gang entlang. Immer wieder mußten sie stehenbleiben, um zu verschnaufen. Michael nützte die Pausen, um laut nach Heike und Thomas zu rufen. Plötzlich sagte er aufgeregt: „Moorteufel wittert etwas!" Er beugte sich hinab. „Such Thomas! Los, such dein Herrchen!"

Der Hund wedelte mit dem Schwanz, schaute Michael auffordernd an, dann lief er den Gang entlang und verschwand hinter einer Ecke.

„Wird auch Zeit, daß seine Spürnase mal zum Einsatz kommt", brummte der Professor. „Lauf ihm nach."

„Und du?" Michael zögerte.

„Ich komm' schon hinterher", sagte der Erfinder mit schmerzverzerrtem Gesicht. „Mach dir keine Sorgen um mich. Hauptsache, du findest die beiden."

Moorteufel bellte weiter vorne im Gang, und Michael rannte los. „He, nicht so schnell!"

Professor Ambrosius hörte noch eine Weile Schritte und Gebell, dann wurde alles still. Der Erfinder hinkte mühsam vorwärts. Jeder Schritt war eine Qual.

„Wenn jetzt der Bär kommt, dann brauche ich keine Schmerzen mehr zu ertragen", murmelte er. „Wenigstens ein Trost. Ambrosius, gib es zu, es war die dümmste Idee deines Lebens, eine Zeitmaschine zu bauen!"

Ein Knurren antwortete ihm. Der Professor erstarrte. Was war das? Er blieb stehen und lauschte. Die Härchen an den Armen stellten sich auf. Wenn der Bär tatsächlich kam, was dann?

Es blieb ruhig.

„Ich höre schon Gespenster", sagte der Professor. „Vielleicht war's auch mein Magen."

Er humpelte weiter bis zur nächsten Kreuzung.

„Ah, ein Pfeil." Er sah das Zeichen, das Michael mit einem Stein in die Wand geritzt hatte. „Sehr zuvorkommend. Er denkt an alles. Was für ein netter, aufgeweckter –" Er stockte. Seine Augen weiteten sich.

„Löwe", hauchte er dann und hielt sich an der Wand fest.

Das Tier kam ohne Eile aus einem Seitengang. Es war riesig. Mit ruhigem Blick betrachtete der Höhlenlöwe den Professor. Der Erfinder starrte zurück. Es war der größte Löwe, den er je gesehen hatte.

Ganz langsam richtete er den Strahl seiner Lampe auf das Tier, in der Hoffnung, es damit einzuschüchtern.

Die Augen der Raubkatze funkelten. Sie zeigte nicht die geringste Scheu.

„Hör mal", begann Professor Ambrosius mit zitternder Stimme. „Ich tu dir nichts, und du tust mir auch nichts, okay? Ich bin ganz und gar nicht schmackhaft. Alt und zäh wie Leder. Such dir was Junges, Zartes, ja?"

Ein Grollen war die Antwort.

Dem Erfinder brach der Schweiß aus. Als er die Reißzähne des Löwen sah, wurde ihm übel vor Angst.

Die Muskeln des Tieres spannten sich. Der Professor ließ die Lampe fallen. Daß sie nicht erlosch, war ein Wunder. Fieberhaft tastete der Erfinder nach seiner Fernbedienung.

„Laß mir noch eine Sekunde Zeit, mein Kätzchen . . ."

Der Löwe setzte zum Sprung an. Gerade in dem Augenblick, als er sich abstieß, tauchte die Zeitmaschine auf.

Der Höhlenlöwe prallte mit voller Wucht dagegen. Der Professor hörte nur den dumpfen Aufschlag. Er schloß die Augen. Wenig später öffnete er sie wieder.

Nichts rührte sich. Vorsichtig humpelte er um die Maschine herum. Der Löwe lag betäubt am Boden, ausgestreckt in seiner ganzen Länge.

„Meine Güte", murmelte der Erfinder. „Meine Güte . . ."

„In drei Tagen können wir zu den Neandertalern zurückgehen", sagte Heike. Sie pflückte ein paar Beeren von einem Strauch, betrachtete sie und roch daran. Waren sie genießbar oder giftig? Sie ähnelten keinen Beeren, die Heike kannte. Sie entschied sich, das Risiko zu kosten lieber nicht einzugehen, sondern ließ die Beeren fallen.

„Willst du, daß uns die Neandertaler in ihren Stamm aufnehmen?“ fragte Thomas.

Heike schnitt eine Grimasse. „Wollen? Ich glaube, wenn uns Onkel Ambrosius nicht findet, dann ist es die einzige Chance zu überleben. Allein hier in der Wildnis, das ist aussichtslos. Wir wissen nicht einmal, welche Pflanzen eßbar sind, und jagen können wir erst recht nicht.“

Sie hockte sich auf den Boden neben Thomas und untersuchte seine Stirnwunde. Sie schien gut zu heilen, aber Thomas sah blaß aus.

„Ich bin ziemlich müde“, gestand er und lehnte seinen Kopf gegen ihre Schulter.

„Wir haben ja die ganze Nacht nicht geschlafen“, murmelte Heike. „Oder jedenfalls fast nicht.“ Etwas Hartes an ihrem Hals störte sie, sie tastete danach. Neben der Kapsel mit den Sprachpillen hing Anas Amulett. Ob der kleine Bärenknochen sie wirklich vor dem Unheil bewahrt hatte?

In diesem Moment sah Heike aus den Augenwinkeln, wie ein schwarzer Schatten auf sie zukam. Sie schrie und sprang in Alarmbereitschaft auf. Eine Sekunde später erkannte sie das Tier.

„Moorteufel!“

Nicht nur der Hund brach in einen Freudentaumel aus. Als Michael auftauchte, fielen sich die Kinder in die Arme.

„Nichts geht über Moorteufels Spürnase! Der findet euch selbst dann noch, wenn ihr in die Steinzeit abgehauen seid!“

„Nicht ganz freiwillig“, gab Heike zurück.

Alle wollten auf einmal reden und ihre Erlebnisse erzählen, bis Thomas abbrach und fragte: „Wo ist denn der Professor?“

„In der Höhle. Der arme Kerl hat sich den Fuß verstaucht und wartet, daß ich euch hole.“

„Dann wollen wir ihn nicht länger warten lassen“, sagte Heike munter.

Sie gingen zum Höhleneingang. Moorteufel fand ohne

Schwierigkeiten den Weg zurück. Mit einem Mal blieb er stehen und knurrte.

„Was hat er denn?“ wunderte sich Thomas. „Ah, dort ist ja schon die Zeitmaschine! Aber die müßtest du doch längst kennen, Moorteufel. – Hallo, Professor, ich hab’ gehört, Sie haben Pech gehabt?“

Der Erfinder wandte sich um. „Glück, mein Freund, ich habe großes Glück gehabt. Um ein Haar wäre ich eine Löwenmahlzeit geworden!“

Jetzt entdeckte Heike den liegenden Höhlenlöwen und unterdrückte einen Schrei.

„Die Sache erzähle ich euch später. Ihr kommt gerade recht. Das Biest fängt nämlich eben an, sich wieder zu regen. Höchste Zeit, daß wir ins zwanzigste Jahrhundert zurückkehren.“

Der Löwe zuckte mit der Vordertatze. Hastig stiegen die Zeitreisenden in die Maschine ein, und die Luke glitt hinter ihnen zu.

„Jetzt zeig mal, was du kannst, Archie!“, befahl der Professor Ambrosius. „Volle Kraft nach Hause.“

„Sehr wohl“, sagte Archie. Lämpchen blinkten auf, und das Dröhnen der Maschine setzte ein. Alles schien zu funktionieren.

Heike, die mit Anas Amulett gespielt hatte, fühlte plötzlich, wie sich das Beutelchen unter ihren Fingern in Nichts auflöste. Und dann sah sie mit Erstaunen, wie Thomas’ Beule schrumpfte und ganz verschwand.

„Aber warum . . . wieso . . .“

„Archie, erklär ihr das“, murmelte der Erfinder.

„Wir reisen mit den Programmen ABV und ZHW“, sagte Archie sachlich.

„ABV heißt: Alles bleibt in der Vergangenheit“, ergänzte der Professor. „Gegenstände aus einer fremden Epoche bleiben dort, wo sie hingehören. Eine kleine Sicherung, damit wir nicht versehentlich den Verlauf der Geschichte ändern.“

„Und ZHW?“ fragte Michael.

„Zeit heilt Wunden“, antwortete der Erfinder. „Alle Verletzungen, sofern heilbar, verschwinden, während wir durch den Zeitstrom reisen.“

„Endstation Tropfsteinhöhle“, verkündete Archie in diesem Moment.

Professor Ambrosius ließ sich jedoch nicht beirren. Er rollte seine Socken zurück, um zu zeigen, daß sein rechter Knöchel wieder so schlank war wie der linke.

„Ich bin nämlich überhaupt nicht scharf auf Frau Schneiders Essigwickel!“

Ende

ZEIT MASCHINE
MAGAZIN

Geheiminformation für ZM Leser

VON MARLIESE AROLD

Lieber ZM-Leser

na, hat Dir die Geschichte gefallen? Willst Du jetzt auch mit der Zeitmaschine aufregende Abenteuer erleben? Ich schon! Denn in einer fremden Epoche gibt es viele merkwürdige und interessante Sachen zu entdecken! Wetten, daß nicht einmal Dein Lehrer alles weiß? Klar, er ist ja nicht ARCHIE, der Computer, und kein Mensch kann alles im Kopf behalten! Außerdem kann man's hier nachlesen …

Viel Spaß wünscht Dir Deine

CROMAGNON-MENSCH

Erster Vertreter des *Homo sapiens sapiens*. Er ähnelt in seinem Körperbau dem heutigen Menschen viel mehr als beispielsweise der Neandertaler. Erstes Auftreten vor ca. 40 000 Jahren. Höhlenmalereien und rituelle Totenbestattung. Verbesserte Werkzeuge und weiterentwickelte Jagdmethoden, z. B. Benutzung einer Art Harpune und Verwendung einer Speerschleuder, die dem Speer eine größere Reichweite ermöglicht.

EISZEIT

Die letzte Eiszeit begann vor ca. 600 000 Jahren. Sie umfaßte vier Kaltzeiten (Günz, Mindel, Riß und Würm – benannt nach bayerischen Flüssen) und drei Warmzeiten. Die letzte Kaltzeit (Würm) fing etwa vor 120 000 Jahren an und endete vor ca. 15–10 000 Jahren. Die Temperaturen in Deutschland waren wesentlich niedriger als heute, teilweise war der Boden das ganze Jahr über gefroren. Pflanzen- und Tierwelt paßten sich an. Neben den zotti-

gen Mammuts gab es beispielsweise auch Rentiere und Wollnashörner.

HÖHLENBÄR

Er war fast drei Meter lang und somit größer als der heutige Grizzly. Er lebte in Höhlen und war überwiegend ein Pflanzenfresser. Zahlreiche Bärenskelette wurden in Höhlen gefunden.

HÖHLENLÖWE

Während der Eiszeit gab es in Deutschland sogar Löwen, die noch größer waren als die afrikanischen Löwen heute. Man hat viele Knochen in Höhlen gefunden.

Karst

Wenn Kalkgestein von Wasser ausgelaugt wird und sich Höhlen und Gänge bilden, dann spricht man von Karst (benannt nach dem jugoslawischen Karst-Gebirge).

Mammut

Ein Vorfahr des Elefanten, mit zottigem Fell und langen Stoßzähnen. Mammuts starben vor ca. 10 000 Jahren aus. Man hat in Sibirien tiefgefrorene Mammuts gefunden, die hervorragend erhalten waren. Sowohl die Neandertaler als auch die Cromagnon-Menschen jagten Mammuts. Vom Fleisch eines Tieres konnten sie wochenlang leben.

Neandertaler

Benannt nach dem Fundort des ersten Skeletts: Neandertal bei Düsseldorf. Neandertaler lebten ca. 250 000–30 000 Jahre vor unserer Zeit. Lange hat man in den Neandertalern nur primitive Wilde

gesehen, die mit den modernen Menschen wenig gemeinsam hatten. Doch sie stellten Werkzeuge her, bestatteten ihre Toten und übten religiöse Riten aus. Wissenschaftler streiten sich heute noch immer darüber, ob die Neandertaler überhaupt sprechen beziehungsweise ob sie nur bestimmte Laute bilden konnten. Auch darüber, warum die Neandertaler ausstarben, gibt es verschiedene Ansichten. Einige glauben, die Neandertaler starben aus, weil das Klima wärmer wurde. Andere meinen, die Neandertaler seien von den „moderneren" Cromagnon-Menschen verdrängt worden. Und dann gibt es noch die Theorie, die besagt, daß die Neandertaler gar nicht richtig ausstarben, sondern sich mit den Cromagnon-Menschen vermischten. Ist der *Homo sapiens neanderthalensis* also eine abgebrochene Nebenlinie in der Menschheitsentwicklung oder ein direkter Vorfahr des heutigen Menschen?

Kontakte zwischen den Cromagnon-Menschen und den Neandertalern sind auf alle Fälle denkbar und wahrscheinlich. Manche dieser Begegnungen werden feindlich, manche auch freundlich verlaufen sein . . .

STALAGMIT

Tropfstein, der vom Boden aus nach oben wächst.

STALAKTIT

Tropfstein, der von der Höhlendecke nach unten wächst.

LIEBER ZM-LESER,

WER EINMAL MIT DER ZEITMASCHINE GEREIST IST, WIRD ES IMMER WIEDER TUN. SO GEHT ES JEDENFALLS UNSEREN ZM-HELDEN. SIE ERLEBEN STÄNDIG NEUE UNGLAUBLICHE ABENTEUER! MARLIESE AROLD KOMMT KAUM HINTERHER, ALLES FÜR DICH AUFZUSCHREIBEN.

KENNST DU SCHON:

DIE GEHEIMNISVOLLE GOLDGRÄBERSTADT

Große Aufregung für Professor Ambrosius: Ist Viktor wirklich sein leiblicher Sohn? Michael, Heike und Thomas sind mißtrauisch. Was? Der Professor verrät Viktor das Geheimnis der Zeitmaschine und nimmt ihn sogar auf der nächsten Reise mit? Das geht doch todsicher schief!
Und wie!
Die Zeitreisenden landen im Kalifornien des 19. Jahrhunderts. Es ist die Zeit des Goldrausches. Im Goldgräber-Camp geht man nicht gerade zimperlich miteinander um. Und Viktor entpuppt sich ...

DER SMARAGD VON BAGDAD

Die Zeitmaschine versetzt Professor Ambrosius und seine jungen Freunde nach Bagdad. Ein Spaziergang über den Bazar hat böse Folgen:

Der Professor wird als Dieb festgenommen und vor den Kalifen gebracht. Harun al-Raschid ist unerbittlich: Professor Ambrosius kann nur freikommen, wenn die Zeitreisenden den großen Smaragd finden, der im Bauch eines Fisches verborgen ist … Die Kinder sind verzweifelt. Bis zum nächsten Vollmond muß das Rätsel gelöst sein, sonst droht dem Professor der Verlust einer Hand …

DIE RACHE DES DRUIDEN

Professor Ambrosius hat einen seltsamen Gast aus der Vergangenheit aufgelesen: Merlin. Stimmt es, was man sich über den Zauberer und Druiden erzählt? Der Professor möchte kein Risiko eingehen und Merlin lieber ins mittelalterliche England zurückbringen. Doch kaum sind der Erfinder, Heike, Thomas und Michael dort gelandet, stiehlt Merlin die Zeitmaschine und verschwindet. Was nun? Müssen die Zeitreisenden für immer in der Vergangenheit bleiben? Oder wird es ihnen gelingen, Merlins Geheimnis zu lüften?

DIE TODESELEFANTEN

Bei seinen Experimenten mit der Zeit passiert dem Professor eine furchtbare Panne: Er verliert die Kinder in der Vergangenheit. Eine aussichtslose Suche beginnt. Professor Ambrosius hat nur einen einzigen Anhaltspunkt: Die seltsamen Schnee-Elefanten, die kein Zoodirektor kennt … Der Erfinder hat keine Ahnung, daß Michael und Heike inzwischen als Sklaven an einen Etrusker verkauft worden sind, während Thomas mit Hannibal über die Alpen zieht …

TKKG – die erfolgreichste Jugendbuchreihe von Pelikan mit über 7 000 000 verkauften Büchern – gehört heute zu den beliebtesten deutschsprachigen Jugendbuchserien überhaupt. TKKG – das sind die vier Anfangsbuchstaben der Titelhelden: Tim, Karl, Klößchen und Gaby – eine verschworene Gemeinschaft gegen das Unrecht. Auch bekannt durch die Fernsehserie im ZDF.

Bisher erschienen sind:

1 Die Jagd nach den Millionendieben
2 Der blinde Hellseher
3 Das leere Grab im Moor
4 Das Paket mit dem Totenkopf
5 Das Phantom auf dem Feuerstuhl
6 Angst in der 9a
7 Rätsel um die alte Villa
8 Auf der Spur der Vogeljäger
9 Abenteuer im Ferienlager
10 Alarm im Zirkus Sarani
11 Die Falschmünzer vom Mäuseweg
12 Nachts, wenn der Feuerteufel kommt
13 Die Bettelmönche aus Atlantis
14 Der Schlangenmensch
15 UFOS in Bad Finkenstein
16 X 7 antwortet nicht
17 Die Doppelgängerin
18 Hexenjagd in Lerchenbach
19 Der Schatz in der Drachenhöhle
20 Das Geheimnis der chinesischen Vase
21 Die Rache des Bombenlegers
22 In den Klauen des Tigers
23 Kampf der Spione
24 Gefährliche Diamanten
25 Die Stunde der schwarzen Maske
26 Das Geiseldrama
27 Banditen im Palast-Hotel
28 Verrat im Höllental
29 Hundediebe kennen keine Gnade
30 Die Mafia kommt zur Geisterstunde
31 Entführung in der Mondscheingasse
32 Die weiße Schmuggler-Jacht
33 Gefangen in der Schreckenskammer
34 Anschlag auf den Silberpfeil
35 Um Mitternacht am schwarzen Fluß
36 Unternehmen Grüne Hölle
37 Hotel in Flammen
38 Todesfracht im Jaguar
39 Bestien in der Finsternis
40 Bombe (Haie) an Bord
41 Spion auf der Flucht
42 Gangster auf der Gartenparty
43 Überfall im Hafen
44 Todesgruß vom Gelben Drachen
45 Der Mörder aus dem Schauerwald
46 Jagt das rote Geister-Auto
47 Der Teufel vom Waiga-See
48 Im Schatten des Dämons
48 Schwarze Pest aus Indien
50 Sklaven für Wutawia/ Gauner mit der „Goldenen Hand“
51 Achtung: Die „Monsters“ kommen!
52 Wer hat Tims Mutter entführt?
53 Stimme aus der Unterwelt
54 Herr der Schlangeninsel
55 Im Schattenreich des Dr. Mubase

Hol' sie Dir! Bei Deinem Pelikan-Fachhändler.

Jugendbücher von Pelikan

PROFESSOR AMBROSIUS' TROPFSTEINHÖHLE
alter Steinbruch
Fledermäuse
Archies Kontrollpunkt
Eingang